オートバイツーリングの
遺跡巡り

縄文から弥生、古墳時代へ

鶴丸 詔一郎

東京図書出版

前書き

著者はバイク野郎である。素直さが不足しているせいか、類型化されるのを好まないため、バイク一辺倒ではなく、色々なことに手出ししている。しかし、右手、右足、左手、左足、肩、腕、体重移動など、バイクの操作は何一つ疎かにできないことが気に入って、これが1番と思っている。仲間数人と日本中を走行した。北海道は10回近く、九州は5回以上、東北10回、山陰5回ぐらい走っただろう。三桁番号の国道が最もツーリングに適していると思う。景色、交通量、山、谷による道の曲がり具合、信号の少なさ、そして、意外にきちんと舗装整備されて安全、快適である。道路、交通標識は多分世界一の丁寧さで設置されていると思われる。

時々、ソロツーリングに出掛けることもある。最長のソロツーリングは九州12日間、値の張らない宿を事前予約して走り回った。ソロツーリングの行き先は、人ごみの少ないところが好みのため、いつの間にか、うら寂れた神社仏閣、古代遺跡が多くなった。そういうところは、拝観料を取らないか、安いかでコストパフォーマンスがよろしい。歴史は嫌いではないが、何しろ勉強したことがない。それが今や、ソロツーリングの行き先にある遺跡の事前チェックが若干緻密化して、本を読んで行くことも、稀ではあるがやるようになった。そういう場合は、何とフィールドノートを持って、現場でメモを取ったりもした。

この著作は、いつの間にか古代遺跡巡りを趣味とした著者が、バイクツーリングでの、日本前史（縄文から弥生、古墳時代へ）に該当する遺跡を見学し、結果を雑記したフィールドノートをベースにまとめたものである。筆を執る前には、もっと国道のことを書くつもりだった。しかし、フィールドノートを読み返しているうちに筆の方向が変わってきた。

伝承らしい伝承もなく、文献もない1万3000〜1万4000年の長きにわたる縄文時代の、バイクツーリングによる遺跡巡りを、あたかも時空を年代順に走ってきたかのごとく並べ直して、食料調達の進歩はどんな様子か、遺跡の集落がどうなっていったか、社会がどうなっていったかなどその進歩、進捗度合を見つめてみたいと思う。文章は起承転結を意識して書くと一文になるという。ならば、食うや食わず飢え死に寸前の原始人から世界に稀な縄文人になって、年代順に進歩、進捗度合を見つめた遺跡巡りが「起」で、その縄文時代が後世に何を残していったかを考察した縄文文明まとめを「承」とする。穏やかな時の流れが一転して、人々は米と鉄を得て弥生人へと世代を進めて新たな社会を構築した。自ら取り込んだ技術を活用して作ってきた社会に、欲望を制御する政治を組み込む必要性を理解しつつも、大きな社会変動の波が押し寄せ、全体的には動的平衡を保ってきたものの一部で欲望が渦巻いた弥生時代末期、卑弥呼の登場を以て「転」、真の日本統一へ向かう古墳時代への入り口に入ったことを以てこの著作の「結」としたいと考えている。

この著作は、ちょうどその年代に帥升、天照大神、大国主命、卑弥呼、邪馬台国、神武天皇、壱与などの著名人が日本国誕生に携わったことを以て、彼らの眠る墳墓を推論できた範囲で紹介して筆をおく。

訪問見学した遺跡の展示館発行物は重要なガイドになった。歴史の勉強をしていないので、文献は断片を引用するしかないし、神話、伝承を否定する学もない。『日本書紀』、『古事記』、『魏志倭人伝』は最低限必要と思い、手元に置いた。

また、歴史、考古学の著作物を色々参照させていただいた。

なお、年代は国立歴史民俗博物館の２０１９（令和元）年3月公式発表の最新「ＡＭＳ（加速器質量分析計）炭素14年代測定法」に準拠した。しかしながら、この普及具合と訪問した遺跡の展示館発行物の説明内容によっては従来の年代を踏襲した。

著者

オートバイツーリングの遺跡巡り◇もくじ

第3章　弥生時代……111

序章　古代遺跡巡りの動機

1　伝承の発見

✧神話や伝承は虚構か？　それともノンフィクションか？

ハインリッヒ・シュリーマン（ドイツ：1822〜1890）はこどもの頃に読んだギリシャ神話を信じて、ホメロスの叙事詩『イリアス』に描かれているトロイア戦争は空想の産物だと父親にいくら言われても聞く耳持たず史実だと思い続け、40歳を過ぎてからトルコで発掘作業の末トロイアを発見し、『古代への情熱』という著作をものにした。当時の人々もその後の人々も、シュリーマンの情熱の継続に、またホメロスの叙事詩『イリアス』が空想からの創作ではなく史実に基づく叙事詩であったことにも感動したのであった。ホメロスは紀元前8世紀頃、それまで伝承されていた吟遊詩人たちの叙事詩を文章化して『イリアス』とした。それがずっとハインリッヒ・シュリーマンの時代までギリシャ神話のひとつの叙事詩として伝わってきたのであった。トロイアの遺跡はその後、イギリス人考古学者などにより詳細に発掘され、9層になっており、トロイア戦争があったと伝えられる時期は考古学的発掘結果から紀元前

1200年中期であると考えられている。

神話は空想の産物ではなかったのである。

発見のとっかかりはシュリーマンだが、詳細な発掘発見はイギリス人考古学者の手によるようだ。余談だが、この発掘の成果を上げたイギリス人とドイツ人は、彼らの伝統ともいえる民族的な悪口の言い合いもあって、この話は尾ひれがついていくつかの著作が付け加えられている。自立性とか規律とかユーモアへの対応とか融通性とか、何が原因でイギリス人がドイツ人の悪口を言い、ドイツ人がイギリス人の悪口を言うのか知らないが、これも、何代かにわたって伝承されているようだ。伝承とはかくも末永く伝えられ後世に影響を及ぼす空恐ろしい力がある。余談はともかくとして、シュリーマンのこの発掘によって考古学的な検証が広範に進められ、ギリシャに先立つミケーネ文明の全体像が日の目を見たのである。

この実話の例を引きだすまでもなく、神話を単なる虚構と決めつけるのではなく、何らかの伝承があって語り継がれ、多少変質し、お話となっていったものと考えて、どんな伝承があったのだろうかと背景を窺う態度で読む必要があるというのが、著者の意見である。日本の古代でいえば、『万葉集』が成立した時代の頃に、日本が成立し、九州から東北の真ん中あたりまで統一国家となった過程で、日本武尊という個人の実在を証明することは難しくとも、統一した事実は厳然としてあるわけで、伝承を100%虚構であるという人はいないと思う。

昨年、伝承が1200年も生きながらえている、その〝伝承〟の実例に偶然出会ったので次に述べよう。

著者が偶然に出くわした体験、全く事前知識なしで、しかも探していた又は見たい／見学したいとも思ってもいなかった偶然の体験が１２００年生きながらえている伝承の実例だったので、話が長くなるが詳細に述べよう。

２０１８（平成30）年10月22日、大分県国東半島。著者のご先祖の墓（薩摩）が無縁墓地になってしまっているほど無縁の年数が経ってしまったことに気づいて、ひとり東京を旅立った。

目的がご先祖の墓探しだけに相棒を誘いにくいのでソロツーリングであった。目的地は宮崎県小林市と鹿児島県姶良郡。関西から九州に入るのに瀬戸内海デイクルーズを選んだ。幕末、西郷隆盛ら薩人たちが瀬戸内海航路を頻繁に利用していたという事実のまねをしつつ、来島海峡などの急流の瀬戸をこの目で見て体験したいと数年前から狙っていたフェリーデイクルーズはこの年、５月と10月の２回挙行されることになっていた。昼間にフェリーで関西―九州を移動したい人々とはやはり暇人なのであろう。デイクルーズは年に２便程度のお客し

かいない、定期便としては成り立たないレア物であった。今回著者が予約できたのは2018年10月21日㈰神戸六甲アイランド港発のサンフラワー号であった。このサンフラワー号のサービスはそれなりに整っていて、夜、大分港到着後ホテル代わりに船を利用し翌朝チェックアウト可能とのホテルシップなるシステムが用意されていた。ちょうど切りの良い10月22日㈪朝から九州で活動できるスタイルである。ということで、九州第1夜は大分港到着の船の中、第2夜を湯布院の温泉と決めたので、大分港から湯布院の間は宇佐神宮、中津市の福沢諭吉旧居、国東半島のお寺と熊野磨崖仏あたりを走ろうと考えていた。まず宇佐神宮見学。朝8時にはもう宇佐神宮の駐車場に着いた。八幡様のご本家、武の神様、武家の

尊崇が絶えることのなかった大神社と知っていたので、それほど時間をかけて見学する気はなかった。しかし、ご祭神、宗像の民との関係など案外宇佐神宮が気に入り時間が掛かったので、福沢諭吉旧居はやめにして、国東半島のお寺に行くことにした。まず峨眉山文殊仙寺を最初の訪問地と決めた。国東半島は地形的に山また山、ワインディングロードが多く面白い選択だと思った。がしかし、なかなかの良い雰囲気のお寺なので山裾から奥の院まですべて見学し写真を撮った。著者の他にはだれも見学見物客はいなかった。もうじき昼になろうとしていた。昼食をとるべく下山しようと駐車していたバイクの向きを変え始めたその時、傾斜地に停めていたにしては注意散漫になったか、立ちごけをしてしまった。バイクは３００kg近い重量である。何度も試みたが白バイ隊員のように一人では起こせなかった。誰かの助けが必要だ。

損傷は、多くの場合、左ハンドルグリップ部のク

ラッチレバーが折れるが、そうなると帰り道が困ったことになる。運よく損傷は5カ所の表面傷で済んだ。山深い山中である。誰かこないかなあ？　昼めし時になってきた。何人か女性が来たが、そそくさと車を降りて歩き始めたので声をかける暇がなかった。どうしようか迷いながらＪＡＦに電話したりして途方に暮れていたのであった。小1時間たった頃、寺のご住職が駐車場に車で帰ってきて、じろりと見てくれた。

「どうしたのかね？」

渡りに舟と、

「路面の傾斜に気づかず立ちごけをしてしまい、重くて独りでは起こせなくて困っています」

「それじゃ、お手伝いしよう」

簡単に起こせて、当方の三拝九拝に、「気をつけて旅しなさいね」と言って寺の方に消えた。荷物を結びなおし始めた所へ、女性が車で来て、

「どうかしたの？」と声をかけてくれたので、

「バイクを立ちごけさせてしまい、独りで起こせなくて困っていたところを、こちらのご住職に助けていただきました」

「あらまあ、うちの人がいいことしたのね」と明るい声、そしてお昼を誘ってくれた。

「えっ、ありがとうございます」

ご住職ご夫妻は気さくに大分名物唐揚げ昼食を勧めてくれた。

ご住職との昼食の話題は二つ。

一つ目は、無縁仏になりそうな先祖の墓を見つけたらどうするか？

ご住職は「土葬のご先祖を起こして、東京へ連れてゆくのか？　ご先祖さんは望んでいるかなあ？　苔むして朽ちてゆく田舎の山林の墓石も風情あるよ。自然がいいなあ」

二つ目は、国東半島になんでこんなにお寺があるの？

ご住職は「うちは伝教大師最澄の天台宗の寺ですが、国東半島に仏教を広めたのは伝教大師なのですよ」

「遣唐使になって、唐へ行こうとするが嵐で1年間足止め。次の機会には何としても唐に渡りたいとの思いから海の民の助けを得るには宇佐神宮にすがりつくのがよいとの話を聞

いて宇佐神宮にお参りに来たのです。それで宇佐神宮が、『大陸への道筋をつくり道中おもなところ、無事唐へつくよう助けよ』と海の民、宗像に指示を出してくれたので、最澄は無事唐に行けたのですよ」

「入唐前に、航海の安全を宇佐神宮に祈願した最澄は、帰国後、神の加護に感謝するため宇佐神宮を再訪して神前で法華経を講じたのですな」

「その縁で国東半島にお寺さんがたくさん建立されるようになったのですよ」

「今日はね、その法華八講で宇佐神宮に出掛けてました」

「ええっ！　そうでしたか？　宇佐からのお帰りですか？　私も今朝、こちらに伺う前に宇佐神宮でした。何か不思議ですね。で、最澄さんから今日までその法華八講というのが続いているのですか？」「ええ！　１２００年以上続いてます」

法華八講について、宇佐神宮自身がインターネット上で説明しているのを見つけたので次に掲載する。

【法華八講（三問一答）厳修

来る（平成30年）10月20日㈯午後1時より、第２５７世森川宏映天台座主奉仕による「法華八講（三問一答）」が厳修されます。

「法華八講」は、天台宗の開祖最澄が平安時代に唐への航海の安全を祈って宇佐神宮に参拝し、帰国後も感謝の意を表すため再訪の上、八幡大神へ法華経を講じたのが始まりといわれます。明治以前までは日常的に法華八講が行われていたのですが、明治政府の神仏分離令（廃仏毀釈）により途絶えてしまいました。昭和53年に復活、平成10年、平成20年と続き、今回で4回目となります。上宮申殿にて神職が祝詞を奏上し、森川座主による祭文を奏上。その後に三問一答が行われます。今回は六郷満山開山１３００年を記念し、初の一般参列を加え、先人への感謝と次代の平安を共にお祈りします。

「三門一答」とは、３人の僧侶が教義の中の文言を問い、講師の僧侶が講釈を加えて解答する論議法要です。

六郷満山開山１３００年
大分県国東半島に点在する天台宗寺院群の総称を、「六郷満山」と呼び、神仏習合の文化が今日まで受け継がれています。宇佐八幡神の化身ともいわれる「仁聞菩薩」が、今をさかのぼること約１３００年前に開山したと伝えられています。平成30年（２０１８年）は六郷満山の１３００年の節目を迎えました。】

法華八講とは法華経の内容を議論する場だが、場所が宇佐八幡宮というわけである。

この最澄入唐前後からの交流が後の六郷満山というお寺だらけの半島の発展につながったの

であった。

(伽藍が1000、寺は65、霊場33カ所あったそうだ)

神仏分離令は一般庶民の間では無理な話で、本地垂迹説など知らぬ顔の半兵衛、一軒の家の中に神棚と仏壇が同居しているのが実態だ。

宇佐八幡宮とは…

ご祭神（一の殿）八幡大神〔誉田別尊〕(応神天皇)
（二の殿）比売大神〔多岐津姫命、市杵嶋姫命、多紀理姫命〕(宗像三女神)
（三の殿）神功皇后〔息長帯姫命〕(応神天皇の母)

宇佐八幡宮、伝教大師最澄、宗像の海の民に関する伝承は疑いようがない事実なのである。海民の神、宗像三女神と、新羅、高句麗と海を渡って戦った神功皇后、応神天皇をご祭神とする宇佐神宮は祈り、かつ実際的に安全航海のすべを知っている宗像の民を率いる能力を持っていたのであった。
参考までに、伝教大師最澄の入唐を紐解く。
1回目：803年、嵐で1年間九州に足止め。
2回目：804年、7月、遣唐使船は第1から第4船まで出航。第1船に空海（途中嵐に遭

い漂流しやっと中国大陸沿岸に着いたものの海賊と間違われ大変な目に遭いながら空海は目的を達し、806年8月帰国）、第2船に最澄（航海無事、230部460巻を書写して805年8月持ち帰った）第3、第4船は難破。

偶然の重なりで、2018年10月22日宇佐神宮での法華八講の日に参加してきた天台宗のご住職に立ちごけたバイクを起こしてもらい、助けてくれたご住職と記憶に残るだけでなく、伝承者本人から1200年連綿と続く伝統をはじめて聞き、伝承が伝承たる由縁を耳にする幸運に巡り合えたのであった。

神話、伝承がすごい事実、実話であった一例として著者自身の実体験をもとに記述した。海の民宗像の存在、宇佐神宮の故事来歴も疑うべきではないのである。

国譲り、神武東征、雄略天皇、景光天皇、日本武尊などの活躍によるヤマト王権の日本統一事業など単なる神話、作り話と片づけるわけにはゆかない。その伝承を掘り下げ、考古学的発見を基に仮説を掘り下げ、事実に迫らねばならない。

2　バイクツーリング（初めての遺跡巡り）

東京を早朝に立った。目的地は青森県田舎館村垂柳弥生水田遺跡、大平山元Ⅰ・Ⅱ・Ⅲ遺跡、遮光器土偶の亀ヶ岡、北海道大船縄文遺跡、函館市縄文文化交流センターだ。東北自動車道を愛車は好天のもと好調に黒石料金所に向かって快走、だが二輪車の場合は天気が曲者で十和田ＩＣをちょっと過ぎた辺りの大きな山陰を通過中、突然集中豪雨にあった。高速道路上である。カッパを着るに適当な駐車場所もなく仕方なく雨が小降りになるところまで走るかと思い続けて走行したが、雨はますます強くなるばかり。やむを得ず、見通しのきく路肩に駐車し、ずぶ濡れの上にカッパを着た。荷物はタンクバッグ内ずぶ濡れ、他の大荷物は防水バッグで助かった。ずぶ濡れ状態で田舎館村垂柳水田遺跡の田舎館村埋蔵文化財センター田舎館博物館（田んぼアートエリアの向かい）に到着した。ずぶ濡れの来観客を嫌な顔せず迎えてくれた係員はカッパを脱ぐのを手伝いながら、「あらまあ、中までずぶ濡れねえ」「すいません。これでも入館していいですか？」。他に入館者がいなかったからかも知れないが、ぐしょぐしょのブーツの水が館内に足跡を残すにもかかわらず、一緒に歩いて説明してくれる優しい係員であった。これが初めての遺跡巡りツーリングであった。

ツーリングは遺跡巡りの手段であって目的ではないはずだが、ここでは、余談を続けることにさせていただく。

©円谷プロ

田舎館博物館を後にして津軽半島先端部を周遊する国道339号線を西から北上、この国道は国道を構成する一部に木製の階段がある（車には迂回路がある）日本唯一のものだ。竜飛岬、青函トンネルへと続く観光道路だ。途中、津軽鉄道と並走していて風情があり、濡れた身体でも快適だった。全く事前知識のない「つがる金木町」へ入った。田舎金持ちという感じの町ぶりが気になり、徐行して街をキョロキョロ見てみた。太宰治の生家、斜陽館という大きな明治大正期の和風洋館があって、津軽三味線会館もあって、どうやら観光の中心地のようであった。がしかし、著者は一晩ですべての濡れ物を乾かす必要があるので、予約してあった宿屋兼食事処「エンゼル」へと先を急いだ。

身に着けていたものはすべて濡れ物で、財布の中の紙幣までも乾かす必要があった。

最初の目的地、田舎館村垂柳水田遺跡は弥生時代中期（約2200年前）の遺跡であるので、詳細は弥生時代の項で著述する。

エンゼル

遺跡巡りをした愛車2台の写真を掲載した。

第1章　後期旧石器時代（縄文時代の前段階）（3万7000〜1万6500年前）

約4万年から3万年前、北からシベリア、サハリン経由、氷の世界を、西から朝鮮半島を、南から台湾海峡を、氷河期で海峡が狭まった時期に現生人類は日本列島に食料、大型動物を追って渡ってきた。大型動物を仕留めるためには、大勢で取り囲んで動物の逃げ道を塞ぐようにして投げ槍、野球ボール大の石礫をぶつけて仕留めた。この人々は比較的大勢のグループでキャンプ生活をしながら、大型動物を食料として分け合って生活していた。持ち物はキャンプ生活用品、火起こし道具、狩りの槍先用尖頭器、ナイフ型石器、衣服の補修用の道具など、最小限に絞っていただろう。他のグループとかち合わない日本列島は気に入ったに違いない。北から来た人々は雪と氷の世界を越えて緑の世界を目指した。西から来た人々は砂漠や土漠のない緑の地、南から来た人々は海から上がって、緑の多い日本列島に入り込んだ。良い土地を見つけたと思ったこの人たちが、旧石器時代人と呼ばれる、日本列島に定着した最初の人々であった。時代が移って、縄文時代を作る人々の最初の姿であった。

第2章　縄文時代（1万6500～2350年前）

■大平山元《おおだいやまもと》ⅠⅡⅢ遺跡（1万6500年前）

青森県津軽半島の北東部東津軽郡外ヶ浜町蟹田の陸奥湾に注ぐ蟹田川河口から上流へ８km上がった左岸に位置する遺跡である。更に上流３・５kmにこの大平山元Ⅰ・Ⅱ・Ⅲ遺跡の各地点から出土する大部分の石器の素材となった珪質頁岩《けいしつけつがん》の産地（後期旧石器時代後半期からの石材原産地）があり、大平山元遺跡がこの地に所在する理由になっている。この遺跡は縄文時代草創期（約1万6500年前）の特色の多い遺跡である。特色の第1は、世界最古の土器の出土、特色の第2は、世界最古の定住、特色の第3は、世界最初の弓矢の使用（弓矢の発明）である。従って、この遺跡より古い

遺跡が発見されない限り、この遺跡を以て縄文時代が始まったということである。この遺跡の出土品には残念ながら、住居跡、建物跡などは検出されていないが、石器類、縄文も何もない土器片が出土している。土器が出土しているということは、この重たい土器を運びながらキャンプ生活はできないので、定住していると判断されたのである。大平山元Ⅰ遺跡（現在は農家の庭先）出土の土器片は付着していた炭化物のＡＭＳ炭素14年代測定法から1万６５００年前の日本最古の土器であると認定されている。この土器片の炭化物からは油分が見つかったからだが、鍋料理でもした後だろうと付け加えられた。大平山元Ⅱ遺跡は八幡宮境内で、多量の珪質頁岩の石器用素材と剝ぎ取り加工した石器（尖頭器、槍先尖頭器、石斧、石刃、ナイフ形石器、スクレーパー型石器、細石刃など）及び半完成品が出土した。珪質頁岩とは珪藻土が積もって地下深くで岩石となったもので、本のページをめくるようにはがすことができる性質を持っているため、石器を作りやすく石器製造用素材となっている。ここは石器工房の遺跡であった。

　大平山元Ⅰ・Ⅲ遺跡は農家庭先と廃校になった校庭跡である。大山ふるさと資料館は廃校になった校舎を流用している。大平山元遺跡の展示室には、土器片、石器が多数展示されていた。

石器は色々な石の割り方で同じ形を連続して作る細石刃核湧別技法（北海道の湧別地方）とか、関東、中部地方の石器の作り方など既に交流というか関係があったようである。刃の部分を磨いた石斧とか、種類も多く鋭さもあり見応えがある。中でも石鏃（矢じり）は特に鋭いものだった。それらは見事な造形が石から作り出されていることが分かる。槍が主な狩猟具であった時代に飛び道具の弓矢である。これは世界でも最古級の飛び道具であることを、何の知識もなかったが、品川区民プロデュース型歴史講座の「人類の誕生と日本人の起源、縄文時代の文化・生活」（講座運営：島田正男）の際に講師の東京大学大気海洋研究所海洋底科学研究部門川幡穂高名誉教授から伺って知った。縄文人は世界でも真っ先に飛び道具を使った先覚者だった。中国に漢字で東夷南蛮北狄西戎という言葉

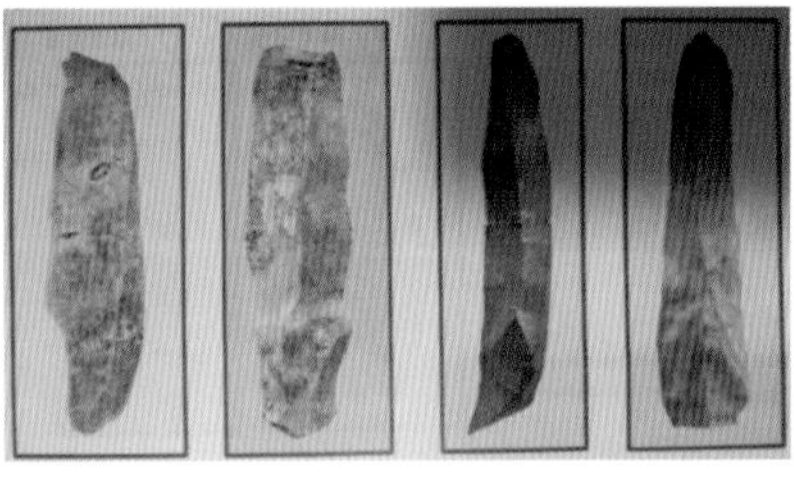

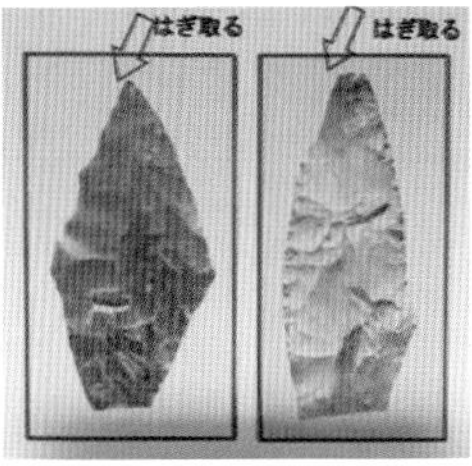
はぎ取る
はぎ取る

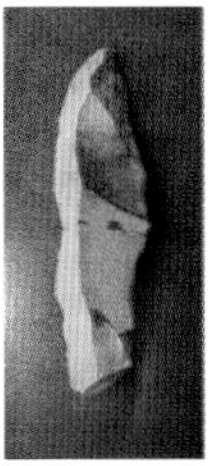

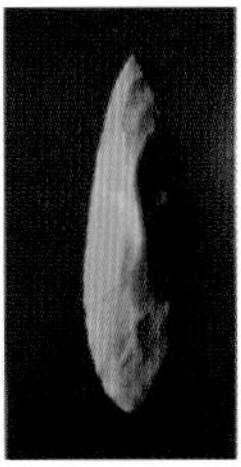

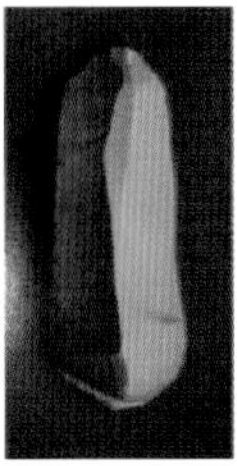

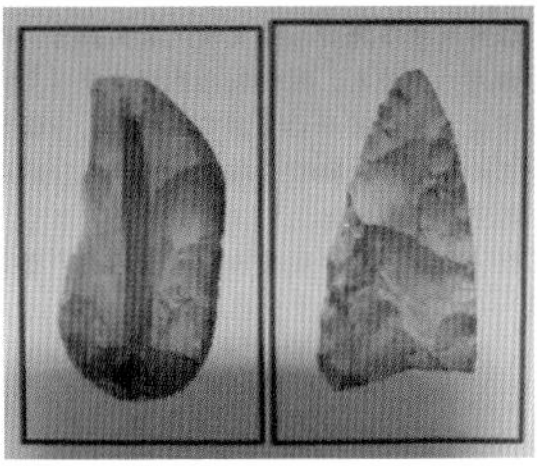

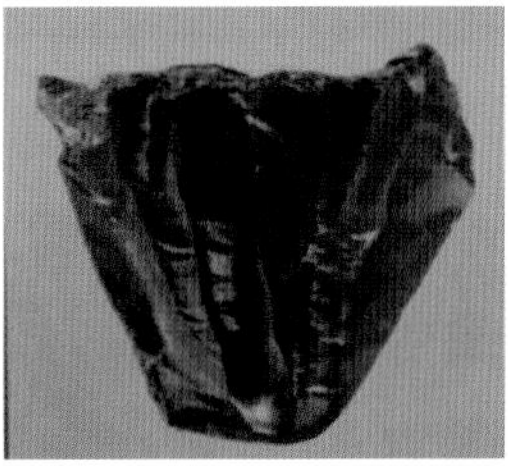

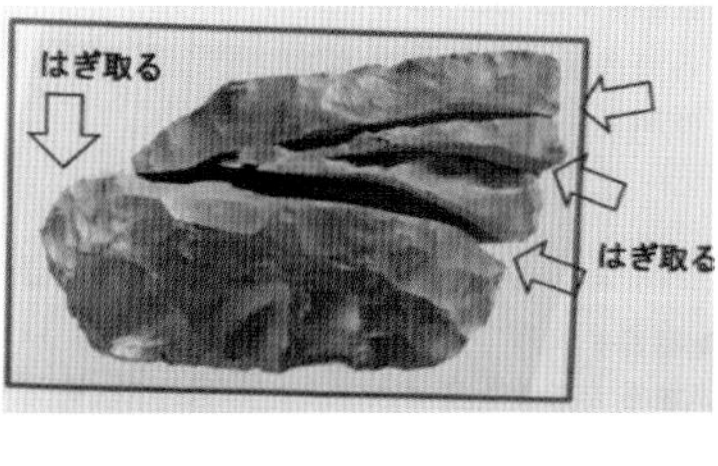
はぎ取る
はぎ取る

があるが、その東夷の夷は人が弓を持つ姿を表していると聞いた。縄文人が弓を持つ姿であろう。

　大平山元Ⅱ遺跡の地表には、八幡神社が鎮座している。旅をして、つくづく神社はその昔の人々の暮らし跡か水場の跡に鎮座しているケースが多いと感じている。日本全国を詳しく統計的に見渡して本当のところはどうなのか？　八幡神社の立地とはそういうところなのだろう。先祖を敬い、慶祥とする文化的伝統が現代まで連綿と続いている証左だ。

■鳥浜貝塚（1万2600〜6000〜5500年前）

　福井県若狭三方湖にある縄文時代草創期（1万2000年前）に出現した集落遺跡で縄文前期（6000〜5500年前）が最盛期。この遺跡の特徴は、三方湖へ流入する川の地下で水漬けになったまま発見された貝塚であったため、木製の遺物までとろけてしまわずに残っていたことである。こんな古い鳥浜貝塚出土品は一括国宝指定されている大量の有機物などのため、展示館で

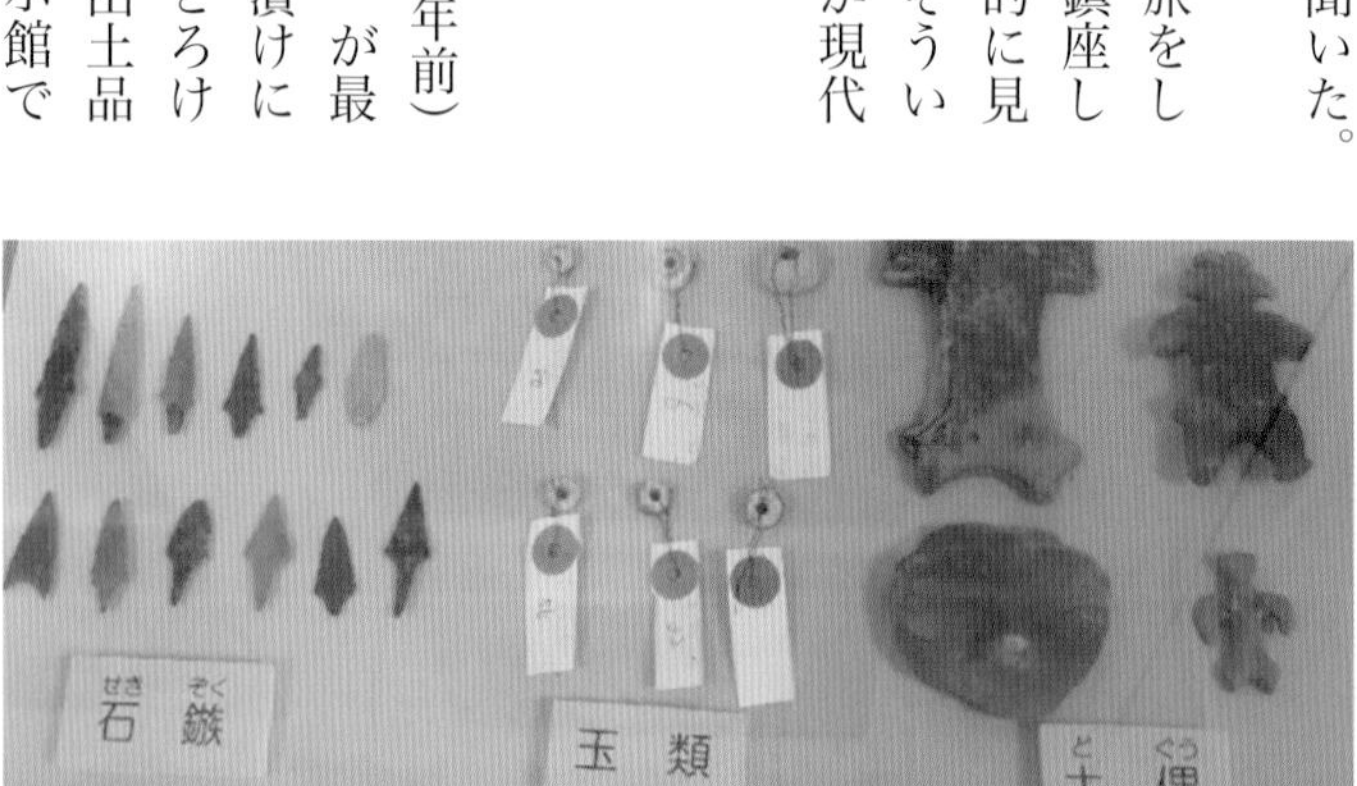

若狭三方縄文博物館にて展示（撮影）

見学見物できるものはほとんどない。漁網を使って魚を獲っていたことが分かる石錘とか、縄、編み物、漆製品、そしてまた、日本最古級の丸木舟などが検出されている。鳥浜貝塚の漆製品に重要文化財があるが、うるしの木そのものが出土して、もともと日本に自生していた木か、大陸から持ち込まれた木なのか植物学者も論争に加わっているそうだ。このうるしの木のＡＭＳ炭素14年代測定法結果、１万２６００年前の年代が検出された。うるしの木はもともと日本に自生していたものか、いや、日本には自生種はなくて中国大陸から持ち込まれたものだとの論争をむやみに続けるのではなく、葉や芽は食用になるようだが、本当かどうか、それほどの価値があるのかどうか、幹はうるし樹液を取るだけでなく、他の用途があるのか多面的に調べて論を進めたいものだ。ここ鳥浜は食料豊かな土地で遺物から、淡水の貝から汽水の魚、

年縞が
をつなぐ
若狭三方縄文博物館にて展示（撮影）

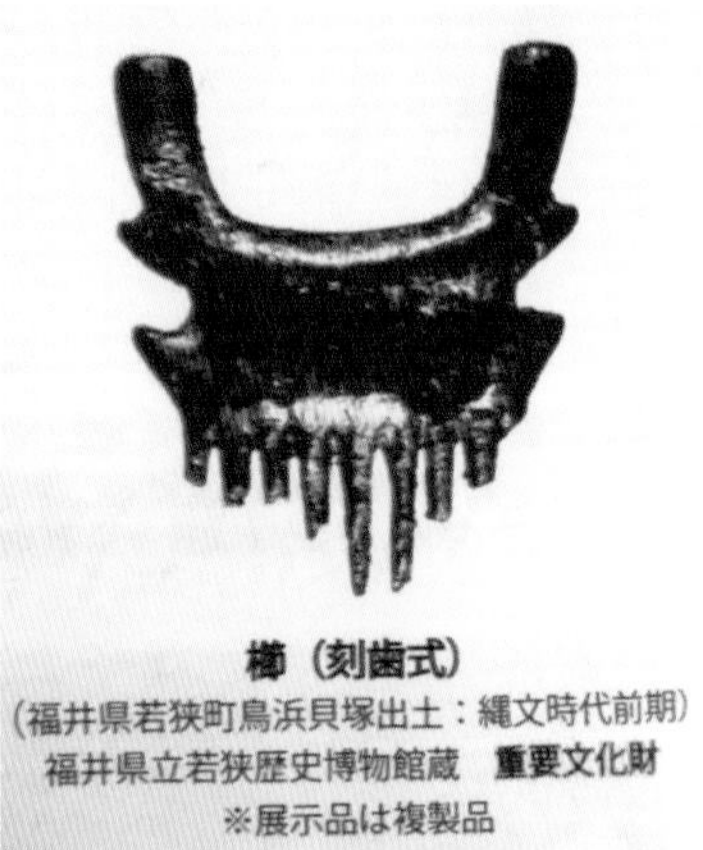
櫛（刻歯式）
（福井県若狭町鳥浜貝塚出土：縄文時代前期）
福井県立若狭歴史博物館蔵　重要文化財
※展示品は複製品
若狭三方縄文博物館にて展示（撮影）

若狭湾の回遊まぐろ、かつお、ブリまで食べていたことが貝塚の分析で分かっている。

三方五湖の一つ、水月湖は年縞と呼ばれる湖底堆積物が暦年の特定に利用できる日本唯一の湖で、湖畔に研究所・展示館（年縞博物館）が設置された。動植物の遺骸を対象にAMS放射性炭素年代測定法（炭素14年代測定法と言って「①自然生物圏内にある炭素14の存在比率は1兆個につき1個、②その比率は死ぬまで不変、③死後は新しい炭素の補給が止まり、存在比率が下がり始め、5730年で半減する」という三つの法則を利用する）で測定する。水月湖の年縞は暦年が特定されているので、そのそれぞれの年縞中の堆積物内にある葉などの炭素14を測定してキャリブレーション用較正曲線を求める。それが国際的に認められて使用されている。そのようにして、遺物の年代を特定しているので信頼性は最高度に達していると思う。7万年にわたる年縞の1年1年と考古学的遺骸の推定年代の突き合わせができるのは画期的なことだ。

三方五湖の一つ、日向湖《ひるがこ》で湖畔の民宿に一泊した時に見た湖面と背景の緑、水の高さは、ここは縄文時代そのままという気にさせた。家、水回りの護岸、道路さえなければそのまま縄文時代のようだった。夕食に振る舞われたおかずは海の幸のオンパレード、食べきれなかったのは著者の歳のせいではない。三方五湖の常神半島にある若狭湾側、遊子海水浴場の民宿に宿泊した時も同様だった。著者のこんな2～3回の経験で、この周辺の人々は縄文時代から現代まで、たんぱく質は海の幸で十分賄えていたであろうと思った。この傾向は現代でも色々な地方に当てはまるだろうが、日本の国土は陸上でも多種多様な食料が自生しており、縄文時代は地形、地勢や道具の問題で労苦は多いものの天変地異のないときは食料に困っていなかったと著者は考える。

■上野原縄文遺跡（1万２０００〜７５００〜３０００年前）

上野原遺跡は鹿児島県霧島市東部の薩摩錦江湾を望む標高約２５０mの台地上にある縄文時代草創期（1万２０００年前）の遺跡である。縄文人は食うや食わずに近い飢え死に寸前の生活から、食料調達の手順を自分たちの徒歩圏内に見出して、ルーティン化することのできた人たちで、だからこそ定住化することができたのである。しかし、ここ、上野原遺跡は６３００年前、縄文時代の最大の生存戦略である食料獲得を困難にする大自然の猛威が、容赦なく襲った。それは、鬼界カルデラ大噴火だったが、約１００㎞北に離れただけの上野原縄文大集落は容赦なく全滅させられた。ここ上野原は鬼界カルデラの大噴火によって

人の住めない土地になり、その後、この上野原集落は２５００年間生活のできない土地であった。しかしながら、遥かな年月を経た後、再興したことが分かっている稀有な大縄文集落遺跡である。火山の噴出物の堆積は科学分析による年代測定が可能だ。上野原遺跡の魅力の一つである。縄文時代草創期（１万２０００年前）の、最下層の火山灰部分から10棟の竪穴住居が発見されて定住生活が確認された年代特定が確かな最も古い遺跡である。

土器と弓矢を発明した人々は、イノシシ、シカその他小動物の狩りを生業としていたのだろう。縄文時代早期前葉（約1万年前）、ここ上野原の北側に二筋の道に沿った竪穴住居群（52軒）を中心に集石遺構（39基）、連結土坑（〈16基の〉調理施設）を持った集落があった。その時すでに土器の使用や弓矢による小動物の狩猟を始めていた。これは南九州における定住化初期を知ることのできる集落で大発見であった。ここでは集落跡をそのまま保存、また復元している。種子島でも縄文時代早期の遺跡が発見されており、もう既に交流が始まっていたのだ。一方、上野原台地の南側の高いところに縄文時代早期後葉（約７５００年前）のつぼ型土器や深鉢型土器を

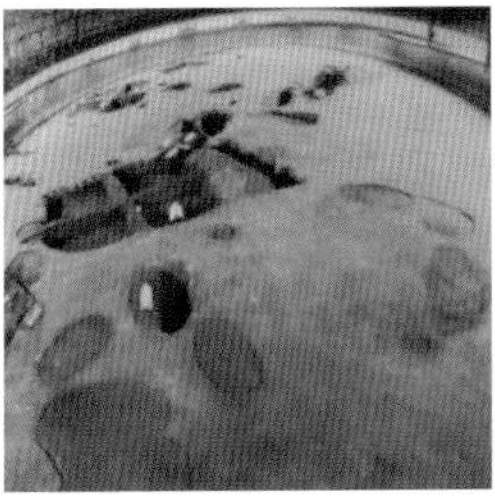

（公財）鹿児島県文化振興財団　上野原縄文の森

埋めた土器埋納遺構や石斧数本をまとめて埋めた石斧埋納遺構が発見された。

その後、住居跡は発見されなくなった。ここ上野原は鬼界カルデラの大噴火によって人の住めない土地になったのである。6300年前の鬼界カルデラの噴火はアカホヤ火山灰（明橙色）といって、紀伊半島においても層として確認できるほどのものだった。偏西風に乗って東北地方でも確認できる。

その後、この上野原集落は2500年間生活のできない土地であったが、人々は徐々に戻ってきた。最初は、狩りで動物を追って、この土地は縄文人が住んでいないだけに動物にとっては住みやすいところだったに違いない。そして、農耕生活に挑戦し始めたのである。火山灰の土地であるから、稲作に到

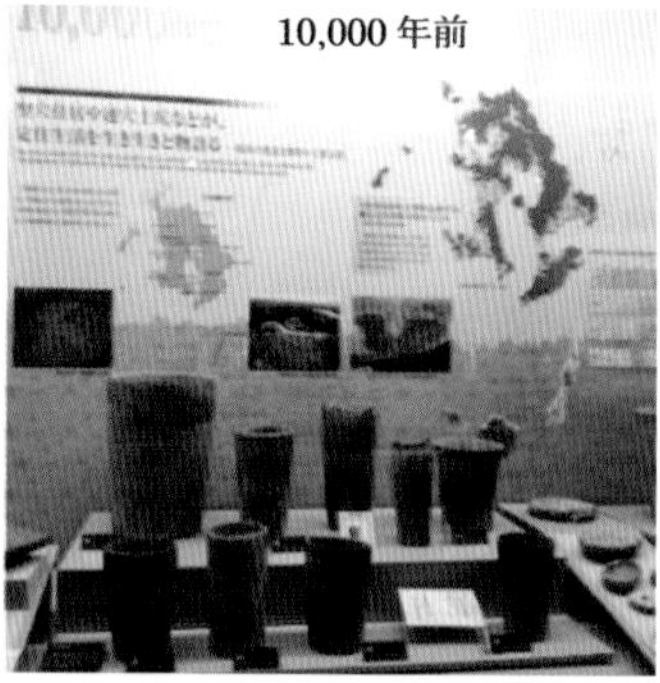

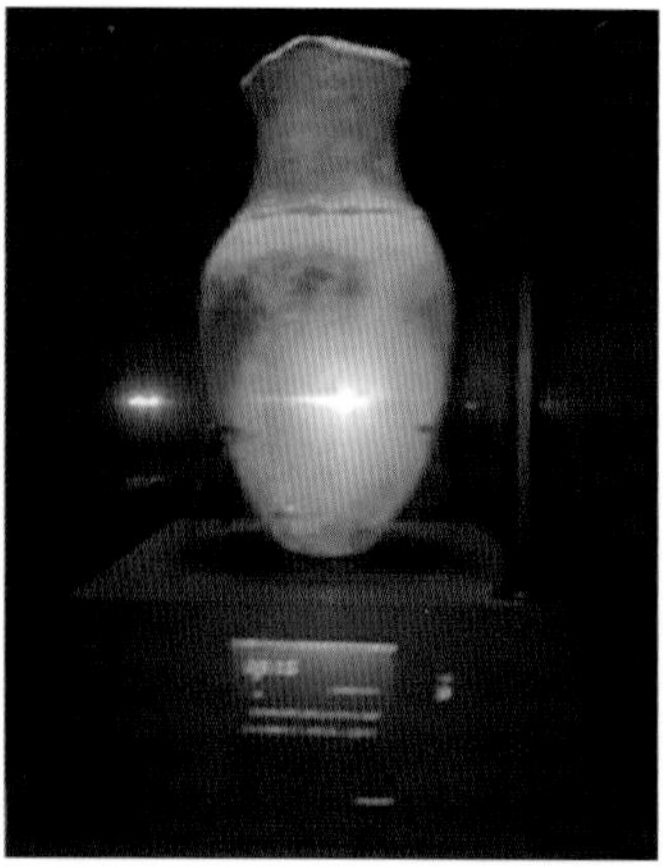

（公財）鹿児島県文化振興財団　上野原縄文の森

達するには幾多の土地改良が必要であったろう。稲作などのできない土地になったのだが、縄文時代晩期（約3000年前）の縄文人は姶良カルデラの大噴火でできたシラス台地、その上のアカホヤ地層、そんなところでの稲作を始めたのであるから、南九州では陸稲《おかぼ》の焼き畑農業から始まった。

　縄文人たちは、約3000年前、戻ってきて生活をはじめていたが、狩りをし尽くし、食料の生産が必要になってきたと思われる。家族というか集落全員というか、総出で働いたであろう。上野原での焼き畑農業には「あわ」か「いね」かなどについて、「縄文の森」の展示館ではプラント・オパール（植物珪酸体）の顕微鏡分析の様子を説明している。

　上野原集落で発掘された遺物の中には、北九州、四国、山陰、南西諸島、東日本などの土器、石器などが見つかることから、1000㎞を超える交

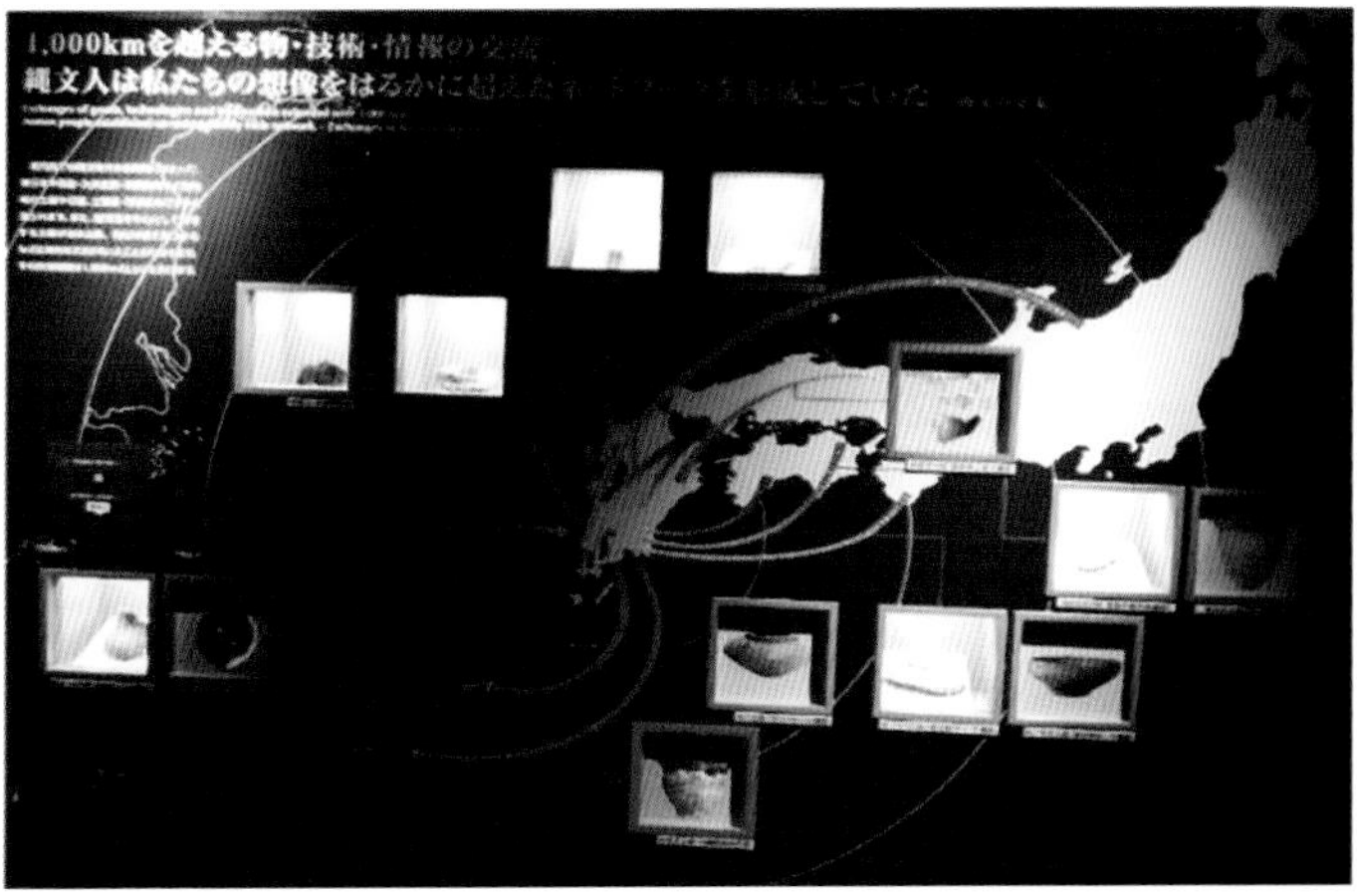

（公財）鹿児島県文化振興財団　上野原縄文の森

易交流ネットワークを持っていたようである。古墳時代になると、この地方で鉄製品を副葬した独特の地下式横穴墓が増え流行した。上野原縄文人は大自然の猛威にへこたれず、土着して我が道の歴史を刻んできた。まさに地方の源流だ。薩摩は、中央に頼らず、強国にへつらわずに自力で鉄素材を交易で入手し、鉄器を自前で鍛造した。中央ヤマトから、薩摩隼人が蝦夷と同じ列島の夷狄扱いでなくなるのは5世紀のことである。

　鹿児島は、火山の多い場所柄である。姶良カルデラ、鬼界カルデラ、阿多カルデラ、桜島、まだほかに2～3の火山がある。火山噴火吐出物の違いによる地層が埋まっていた遺物の年代を教えてくれる。それで火山灰を遺跡の年代を決めてくれる鍵層と呼ぶそうだ。

（公財）鹿児島県文化振興財団　上野原縄文の森

（公財）鹿児島県文化振興財団
上野原縄文の森

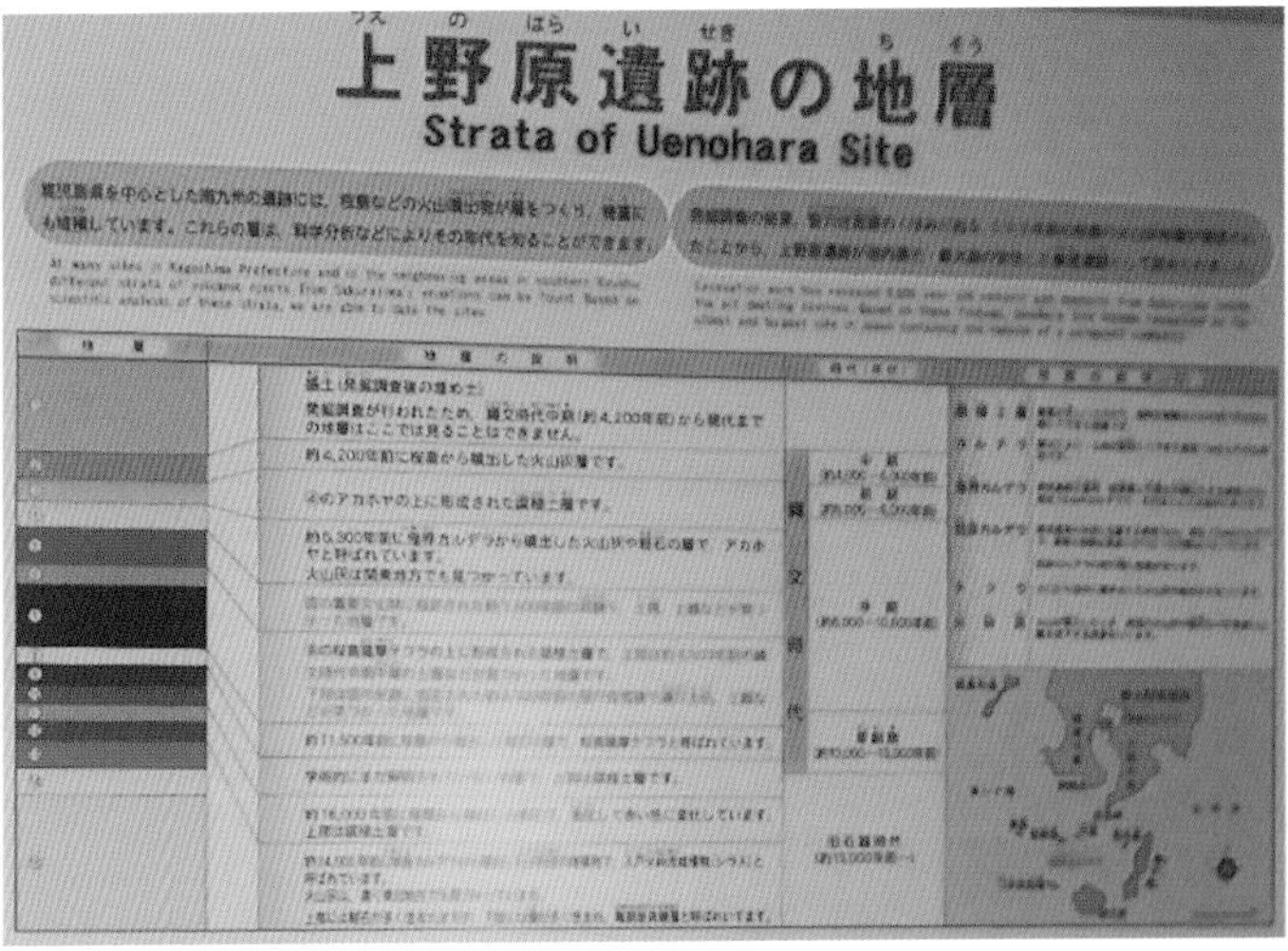

■長者ケ原遺跡（８０００～５０００～４２００～２４００年前）

新潟県糸魚川市にある北陸屈指の史跡遺跡である。フォッサマグナミュージアムと長者ケ原考古館が設置されている。縄文時代早期（約８０００年前）、中期（約５０００年前）、後期初頭（約４２００年前）、晩期（約３０００年前）と長い間、集落が少しずつ南から遺跡中央へ移動しながら継続した遺跡で、前期から後期にかけた集落の２５０～３００棟の掘立柱建物、食料貯蔵穴、廃棄物捨て場が出土した立地地勢は、糸魚川中央を流れる姫川の河口上流域の標高90ｍぐらいの河岸段丘にあり、森が広がって湧水もある、よい立地である。ヒスイ（翡翠）はこの姫川の支流小滝川ヒスイ峡、青海川ヒスイ峡の特産で国の天然記念物として保護されている。ヒスイは世界でもミャンマー、メキシコ、グアテマラ、日本でしか産出しない宝石である。硬玉（ジェダイト）に本当の価値があり、軟玉（ネフライト）は加工しやすいだけに古代中国では装飾品として流通していた。宝石としてのヒスイはダイヤモンド、ルビー、

サファイア、エメラルド、オパール、トパーズに次ぐとランクされている。宝石を生活に取り込んだのは日本のヒスイが世界最古の例である。約７０００年前、この糸魚川では、初めはヒスイをハンマー、次いで石斧（おの）に利用した。ヒスイは宝飾品になり得る価値があることをまだ知らない時代である。縄文人は石器と木材が最重要な道具の素材であったので、硬さ、割れ方などの特徴を見抜いて道具を作っていた。斧の石材としては蛇紋岩、北海道日高地方の「あおとら石」（本州、東北北部、新潟辺りまで流通、サハリンでも出土している）、が縄文人に歓迎されたようで各地で出土している。糸魚川の人々は蛇紋岩、透閃石、軟玉等の割れにくくて硬い、磨くと光沢の出る石材を用いて石斧を盛んに作った。ヒスイハンマーで割って角をつぶし、砂岩の砥石で削り刃先を研ぎ出した。糸魚川で作った石斧は割れにくく切れ味が鋭いと糸魚川最初の交易ブランド品になった。ここは天然記念物ヒスイのふるさとと、硬玉の勾玉は糸魚川でしか生産されていない。この硬い石を研磨し、形を整え穴開けすることは簡単な仕事ではない。最初は大玉、小玉を作り交易品とした。約５０００年前の

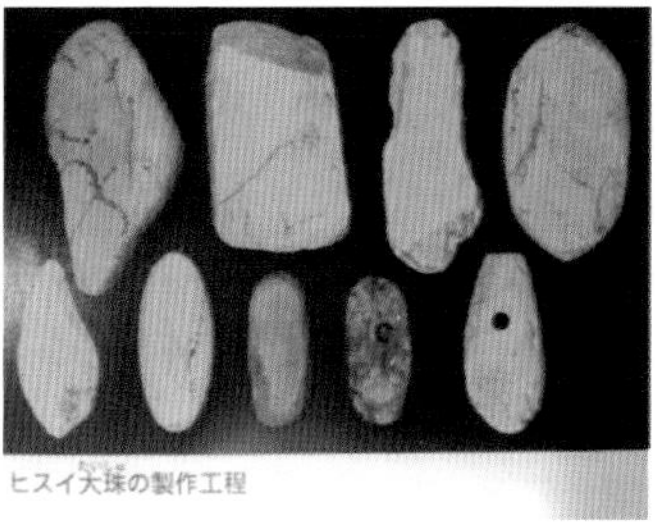

長者ケ原考古館所蔵

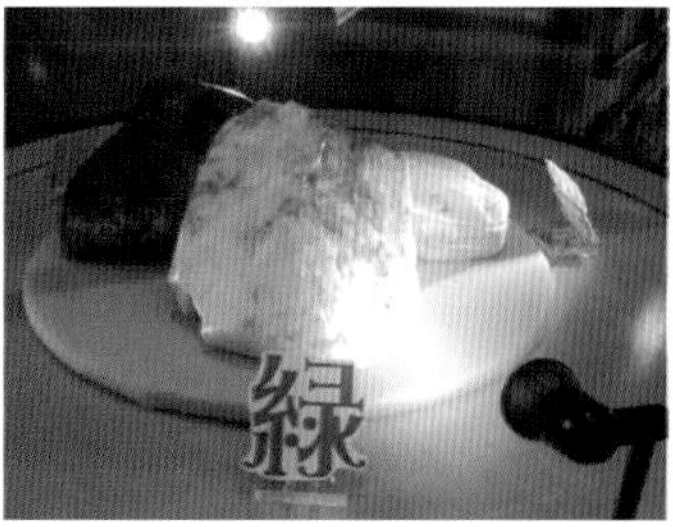

フォッサマグナミュージアム所蔵

ことである。三内丸山遺跡からそれらが出土した。ひもを通す穴を開けるのはどこでもできる技術ではなく、糸魚川集落は石英砂を、次いで金剛砂を使って穴を開ける独自技術を開発したのだった。次は勾玉だ。勾玉は不揃いでないデザインとしなければならない。糸魚川の美しい勾玉、大玉、小玉は、交易相手の集落の尊敬を集める長老や祭祀を司る女司祭・シャーマンの耳や首を飾る付加価値の高い装身具に仕立てられて、持ち込まれた。こうしてヒスイは糸魚川最大の交易品ブランドとなったのであった。縄文時代中期にはその製作と流通の拠点集落となっていた。

　中国では硬玉は産出しないが、軟玉（ネフライト）はあった。その軟玉製の玉を首飾りにする風習は古代からのものである。『魏志倭人伝』によると卑弥呼死後の騒乱に際して魏が派遣してきた張政らの還るを送らしむにあたり、宗女壱与が「男女生口30人を献上し、白珠5000孔・青大勾珠2枚・――を貢す。」と記されている。糸魚川のヒスイの勾玉、玉類は縄文時代に北海道礼文島、奥尻島から鹿児島県種子島まで日本全国に流通した。弥生時代になると西日本を中心に交易されたようだ。蛍光X線分析によって糸魚川産と分かるヒスイ装身具が朝鮮半島で

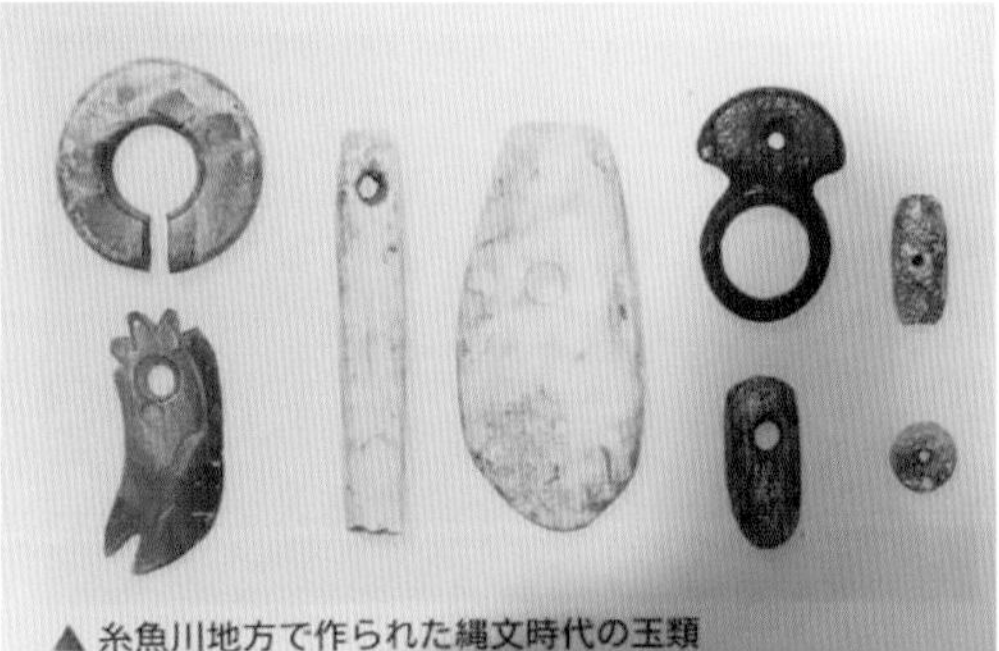

▲糸魚川地方で作られた縄文時代の玉類

長者ケ原考古館所蔵

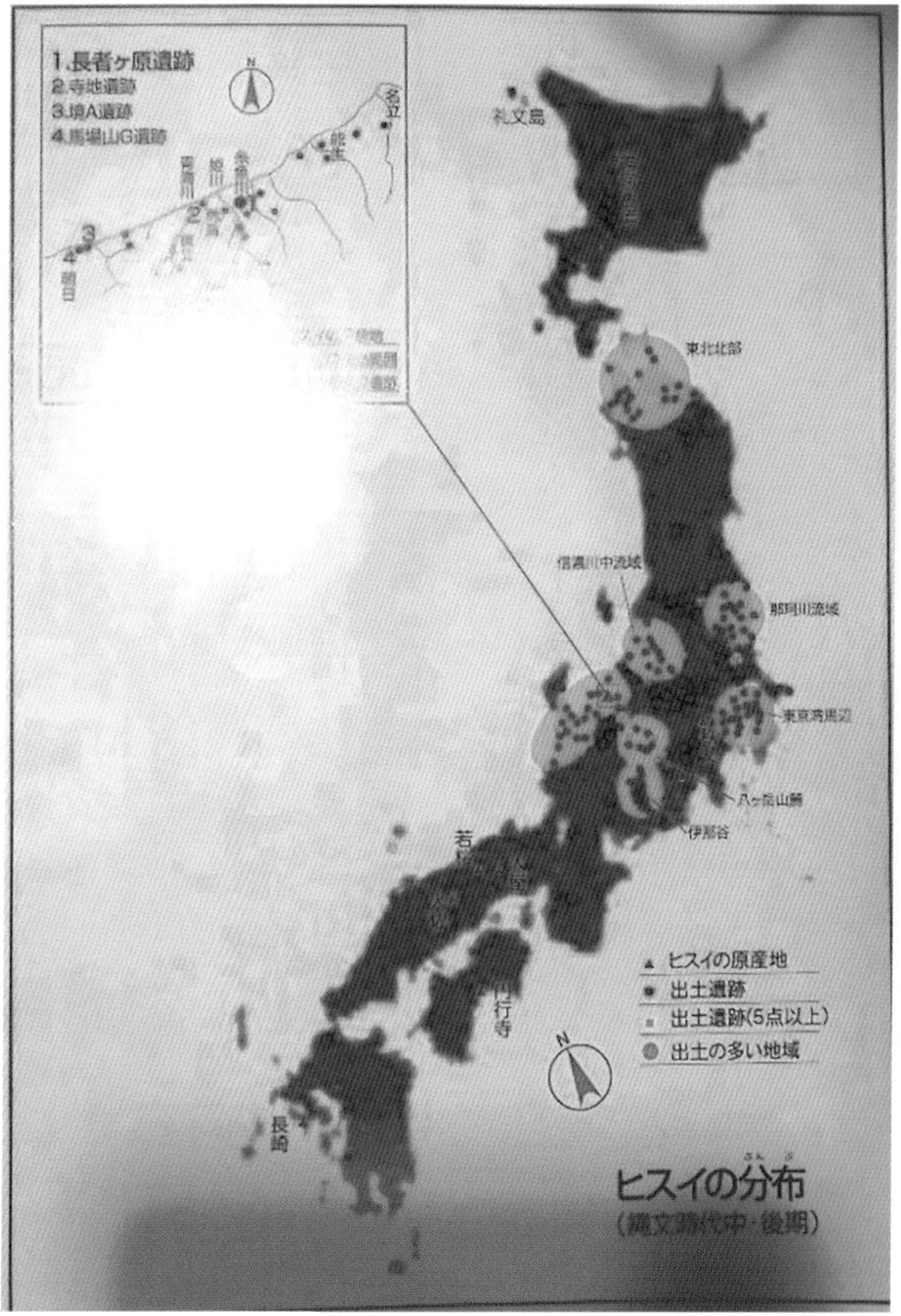
1.長者ヶ原遺跡
2.寺地遺跡
3.境A遺跡
4.馬場山G遺跡
名立
能生
糸魚川
朝日
礼文島
東北北部
信濃川中流域
那珂川流域
東京湾周辺
八ヶ岳山麓
伊那谷
長崎
ヒスイの原産地
出土遺跡
出土遺跡(5点以上)
出土の多い地域
ヒスイの分布《ぶんぷ》
(縄文時代中・後期)

長者ケ原考古館所蔵

も新羅、百済、任那で多数出土している。高句麗以北からはほとんどない。糸魚川は硬玉に穴を開けたり形を整えたりする技術も交易に供したようで、縄文時代晩期（約２４００年前）頃から日本各地の有力集落で玉造は一大産業化した。ヒスイだけをとっても交易が日本海を股にかけて遠く広く行われていたことが分かる。しかし、ヒスイは、不思議なことに奈良時代東大寺の仏像の飾りを最後に使われなくなってしまい、昭和の代になるまで糸魚川にヒスイの産地があることすら忘れ去られてしまった。

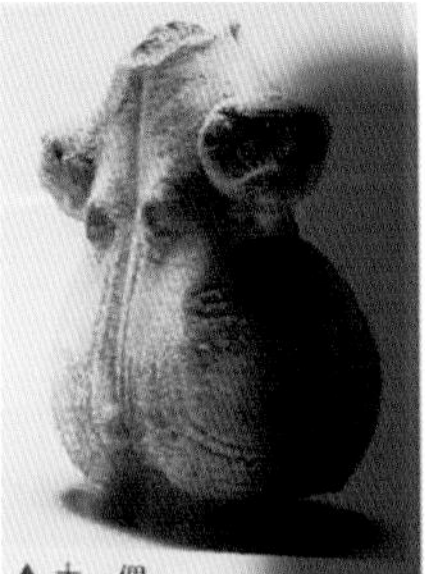
▲土　偶

長者ケ原考古館所蔵

▲柱穴が並ぶ掘立柱建物跡

長者ケ原考古館所蔵

長者ケ原集落は北陸屈指の規模で海、川、山に囲まれた自然の恵みに育まれた集落であった。縄文時代中期（５０００年前）〜後期（約３５００年前）の集落は石で囲んだ炉を伴う竪穴住居、集落中央の広場を囲む３棟の太い８本柱の掘立柱建物は集落の祭祀、交易、交流、祭りなど行事を執り行う特別な建物など、豊かな環状集落であった。長者ケ原の縄文人は石斧、ヒスイの加工などの工房を持っていた。斧、手斧（チョウナ）、ノミ、砥石、ハンマーなどが出土した。土偶は食料の貯蔵穴や石皿に寝かされた状態で出土、石棒は集落中央広場から出土、これらは豊かな実りや命の再生を願う祈りの道具である。集落の中央広場はそうした祭祀を執り行う場なのだ。縄文人の精神文化である。

縄文時代ではなく弥生時代の伝承だが、糸魚川には奴奈川姫の無視できない伝承がある。大国主命と結婚し建御名方神を生んだとの伝承で、建御名方神は諏訪大社の主祭神である。国譲り神話の中で武甕槌神と建御名方神とで出雲で力比べをして、負けた建御名方神が逃げた先が糸魚川である。なおも追ってくる武甕槌神から逃れる際、糸魚川で奴奈川姫と合流し、姫川沿いに糸魚川街道（松本街道、今の１４８、１４７号国道）を逃げて、諏訪に入り降参して国譲りがなったという有名な神話である。諏訪大社は今にその名を立派に残している。なお、糸魚川は縄文時代からの日本海沿岸航路の重要拠点で、海産物、塩の物流拠点としても重要で松本街道はそれらを本土内陸部へ運ぶ主要な街道だった。

出雲は行動半径が広く、日本各地に縁故地を持っており、出雲独特の四隅突出型墳丘墓を導

奴奈川姫像

入した特別な同盟関係をうかがわせる地域まである。出雲のこの行動力は海民族として日本海沿岸航海で培ったもので、縄文時代から交易品を取り扱うだけでなく、情報もやり取りしたのであろう。こうした交易人は出雲人であったのかと思わせるものがある。

■釈迦堂遺跡（7500〜5000〜4000年前）

山梨県笛吹市一宮町と甲州市勝沼町にまたがった京戸川扇状地にある縄文時代早期末（約7500年前）から縄文時代後期前半（約4000年前）まで大集落があった遺跡。縄文時代中期（約5000年前）からの1000年間が最盛期で、土器の出土数は30トンを超えるほど、内5599点が国重要文化財に指定された。

釈迦堂遺跡博物館蔵

本州中央部の中部高地はこの甲州市から諏訪地方にかけて、縄文時代遺跡の宝庫である。この地の黒曜石は、旧石器時代から縄文時代を通じていわば日本最古のブランドとして広く流通、中部高地の食料の豊富さと相まって人々を引き付け多くの集落を養った。

出土した土器、土偶は特徴的で優れたものが多く、土器では水煙文土器（下の写真は2枚とも水煙文土器）と名付けられた派手派手しさのすごい土器があり、火炎土器の向こうを張ったようだ。人体文土器（重要文化財）は胴下半部に人が手を広げたモチーフが描かれている。釈迦堂で発掘された土偶は1116個体もあり、釈迦堂集落の縄文人の創作意欲は大変なものだ。特に独創的で重要文化財に指定された出産土偶と土鈴は誰もが感嘆すると思う。出産土偶は新しい生命の誕生の瞬間を表現したものだ。中腰で、股間部分には赤ちゃんの頭らしき突起がみ

釈迦堂遺跡博物館蔵

釈迦堂遺跡博物館蔵

られる。他の縄文遺跡ではあまり聞かない土鈴はX線照射すると内部に3〜13個の土製の玉があった。縄文時代の音がするのだ。

ここ釈迦堂周辺は栗、栖などの落葉広葉樹の森が広がり、木ノ実を中心とした恵み豊かな土地であった。土器の出土の多さから見て、ドングリなどをあく抜きして粉にし、パンや団子のようにして食べていた。粉にするための石器が出土している。

縄文時代後期初頭（約4200年前）の「大気の極端な寒冷化」に影響されてか集落数が減少、遺物が見られなくなる。弥生時代後期（約2000年前）頃より稲作を取り入れた弥生遺跡が甲府盆地に広がる。

釈迦堂遺跡博物館蔵

■真脇遺跡（6000〜2000年前）

能登町真脇にある縄文時代前期（約6000年前）から弥生時代中期（約2000年前）までの4000年にわたって縄文人が住み続けた北陸地方最大級の長期定住型縄文集落遺跡である。平安時代の古文書に古くから知られた土地と言い伝えられている。また、日本漁業発祥の地と呼ばれている。遺跡は水田下１～４ｍにあって、層別に識別できるので年代特定が正確にできる上、水田下に密封されていたため動植物、その他遺物が良好な状態で出土している。出土品２１９点が国の重要文化財に、真脇遺跡は指定史跡に認定された。真脇集落の縄文人はイルカの回遊時期を把握しており、その時が来ると近隣の縄文集落を呼び協働して追い込み、勇壮な突き取りをして、大量に漁獲していた漁業の中心集落であった。回遊してきたカマイルカ、マイルカ、バンドウイルカからゴンドウクジラまで漁獲していたことが分かっている。小型のカマイルカでも１００kg、１７０人前のステーキになるそうだ。漁獲した獲物は協働した集落が分け合い、待っている集落の人々のご馳走となるのである。イルカは表皮、油、骨、筋まで利用価値のある獲物であった。真脇集落ではご丁寧にも専用の「お魚土器、鳥さん土器」などがデザインされ製作されている。イルカの油を灯火として利用する把手付きランプ土器も発掘された。

夜、灯火が灯る縄文遺跡は日本広し、縄文遺跡数々あれど、ここぐらいだろう。イルカ様々であった。

　ここ真脇遺跡では、先に述べたように水田下で密封された５０００年前の人骨が数人分13点出土した貴重な遺跡で、分析結果は平均的ではないが縄文人であることが分かっている。

　４基の土壙墓が約４５００年前の地層から発掘され、そのうち３基は大きな板が敷かれてその上に遺体を埋葬した板敷土壙墓であった。薄板を造るのは労力のいる仕事である。この薄板は博物館内に展示してある。そのうちの１基（３号土壙墓）からは大きな板の上に埋葬された人骨が出土、20～30歳の成人男子で身長約１６０㎝、朱塗りの装身具が副葬されており、首長の墓である。約４５００年前の縄文時代にこの集落の人口は分からないものの、身分階層ができており、首長がいたのである。

　文明を彩るものは何も土器だけではない。真脇集落

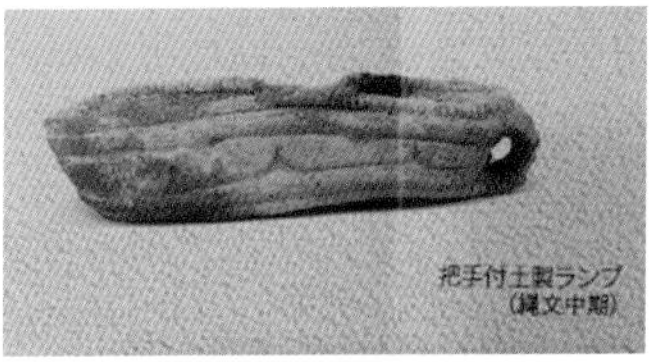

真脇遺跡縄文館所蔵

は木材の使い方に特徴がある。環状木柱列は直径7mの真円形で線対称に10本の木柱配置とされ、2本の門扉でひとつの木柱列となっている。直径1mもある太い栗の木を半割にして立てて並べられた柱根が出土している。同じ場所で数回立て替えており神聖な場所なのである。炭素14年代測定によれば約2800年前に造られたものである。

定住生活に入ってからの縄文の人々の建築物はまず木材、大きな葉っぱの草、土の利用だが、その後の木材の選別利用は自然の木の性質を細かに利用し、大木を切り倒し、木組みを考案し、ほぞ、ほぞ穴の向きを木の繊維方向から決めて壮大な

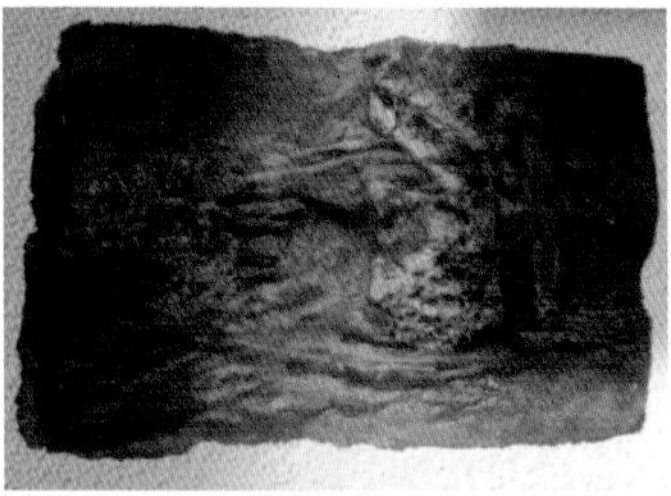

真脇遺跡縄文館所蔵

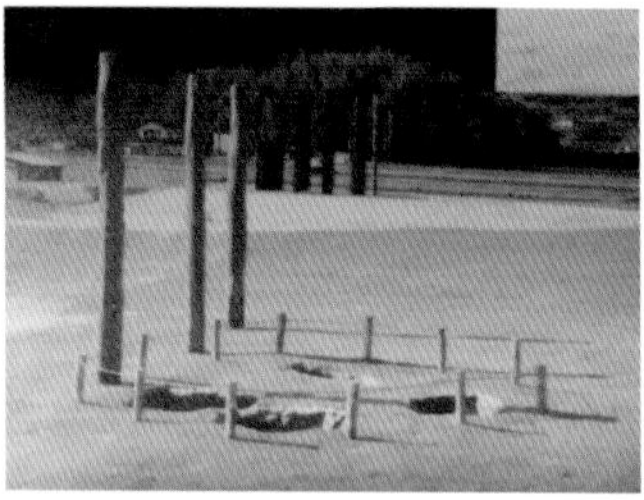

木造建築物を構築した。

その木に対するこだわりや、軸組工法技術の芽は、その後の弥生神殿、出雲大社、神社寺社建築に継承された木の文化である。

この遺跡の周辺には稲作の痕跡も発掘されている。縄文時代からの盛業は続き、新しい良いもの、水田稲作は追加採用していく。縄文人の包容力である。まさに、これが日本である。今に連綿と繋がる日本の伝統である。

■三内丸山遺跡（５５００～４０００年前）

現代日本で縄文時代を世界遺産に推薦しようとしているきっかけは、やはり青森三内丸山遺跡の発見であろう。哲学者の梅原猛先生は１９９４年に現地を見学され、１９９５年安田喜憲博士との協同編著『縄文文明の発見』の中で、これはまさに縄文文明であると声高に主張された。この主張は世間的に大いにもてはやされ、映画も公開されて大評判だった。著者も触発され、その後、札幌へ行く途中に立ち寄り、見学ではなく見物した。当時は遺跡巡りを趣味とする前の現役勤め人だった。従って三内丸山遺跡のフィールドノートはない。しかし、車で札幌へ行く用事のある時はできるかぎり三内丸山へ立ち寄るようにしていた。見れば見るほどとても原始時代とは思えない縄文人の知恵と工夫、生活ぶりが、自分一人で山中のキャンプ生活

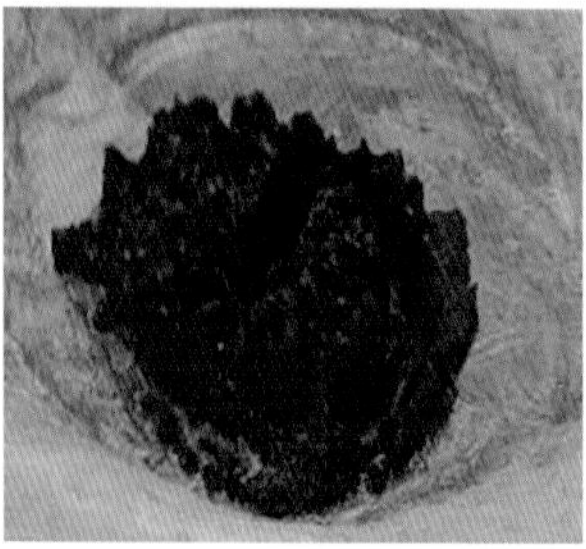

台付き浅鉢型土器(縄文時代中期)。全国でも数点しか出土していない。

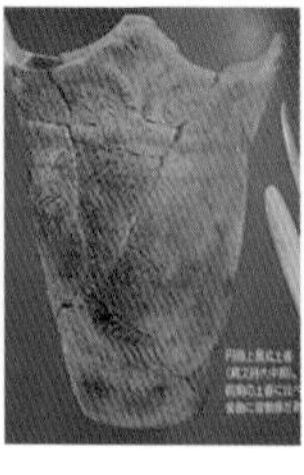

をしているがごとく迫ってきた感じだった。『縄文文明の発見』に自分も入り込みたくなった。三内丸山以外にも。これが直接のきっかけとなって、現役勤め人を退いた後、遺跡巡りをするようになったのである。前置きが長くなった。三内丸山遺跡は縄文時代前期末（約５５００年前）に成立して、後期前半（約４０００年前）に滅んでいるそうだ。１５００年の長きにわたり縄文文明の第一級の集落を営んできた。腐食せずに地中に残っていた直径１ｍの栗の木の六本柱の巨大な望楼、柱の間隔は中心から中心で6本すべてが４・２ｍ、長さの単位基準があったようだ。最長32ｍのスケールの非常に大きな竪穴住居は体育館のようだ。集落の中央部にある掘立柱建物３棟は高床倉庫だ。

大量の生活廃棄物が捨てられ堆積した盛り土が検出された。その中からは石器、土器、玉類、色鮮やかな赤漆塗りの木製品などがぞくぞくと発見された。装飾文様の優れた円筒土器、台付き浅鉢土器なども発掘されている。８８０基の子供の墓、１００基の大人の墓が発掘された。子供の墓は住居近くに土器に遺体を入れて丸い石も入れて埋葬している。大人は集団墓地だ。およそ５０００年前に、死者を送る宗教的な行為があったかも知れない。装身具のヒスイの大玉、切れ味鋭い黒曜石のナイフは交易で入手したもの、身分階層が窺える。

樹皮を正確に編み込んだ縄文ポシェットは生活ぶりを想像させるもので、よくぞ腐らずに発掘できたものだ。三内丸山と言えば栗を思い浮かべるほど栗は重要な木だった。食用の栽培は枝を広げさせる、柱として幹を利用するには高く伸ばすなど木の性質を熟知していたと思われ

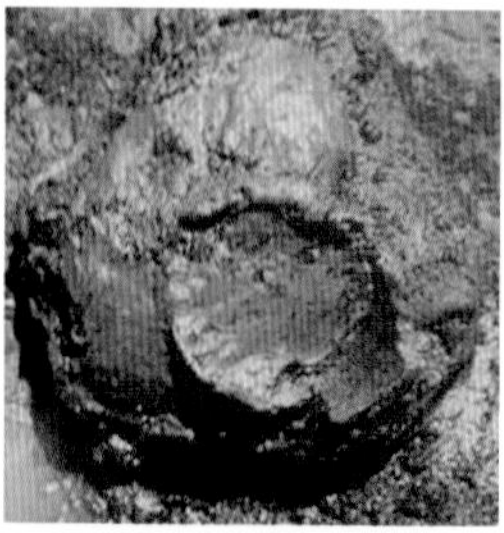

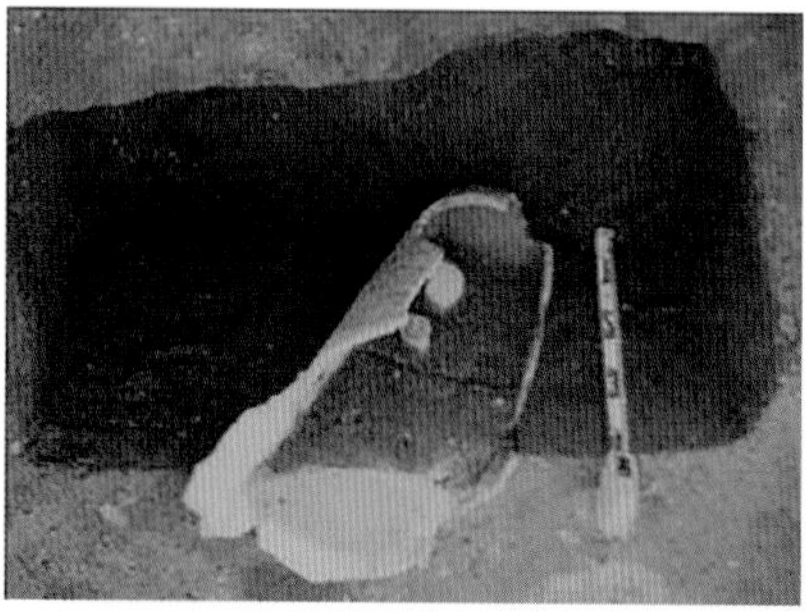

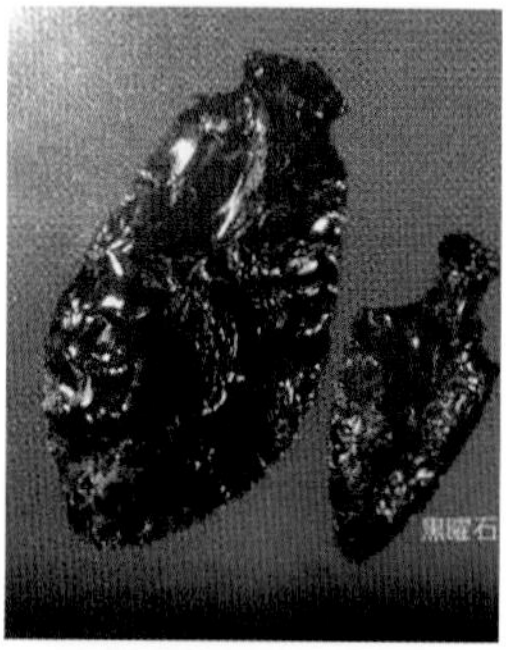
黒曜石

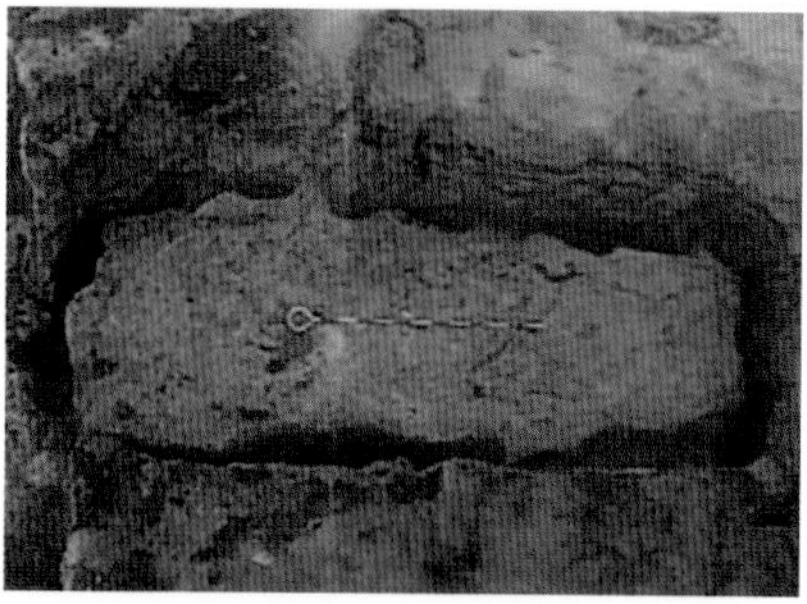

る。最盛期には５００人近い人が居住していたと推定されている。竪穴住居跡は約５８０棟が調査されている。

しかし、４０００年前に滅んだそうだ。こんなに発展したところが滅ぶのか、何でそうなったのか、そんな想いだ。その理由は後日知った。品川区民プロデュース型歴史講座「人類の誕生と日本人の起源、縄文時代の文化・生活」の際に講師の川幡穂高名誉教授から伺った。ずばり、地球寒冷化によって大集落を維持できなくなって滅んでしまったのである。三内丸山の大集落が維持できなくなったという事実は、川幡穂高先生の研究「大気の極端な冷涼化（世界史的に４・２Kaイベントと呼ばれている）により、海水面低下（海退）が発生した」という地球環境の大変化がもたらしたのである。この時、中国長江河口の文明も崩壊したそうだ。三内丸山の大型集落が小型化、分散化したのは、まさに生存戦略として大きな環境変化に対応したのであり、年代的に一致している。栽培してきた栗の木は落葉広葉樹で「大気の極端な冷涼化、海水面低下（海退）」に耐えられなかったのだ。三内丸山の１５００年の営みの中で地震、暴風雨、火山爆発など自然の猛威に見舞われ、その都度集落全員の力を結集して克服してきたのに、肝心な生存戦略である食料獲得が困難となり、大集落の維持ができなくなったのだ。

■加曽利貝塚（５５００〜３０００年前）

東京湾沿岸の千葉県千葉市若葉区にある縄文時代中期（約５５００年前）〜晩期前半（約３０００年前）に栄えた日本最大級の貝塚で、海岸線から都川、その支流の坂月川を約７㎞ほど川沿いを遡った下総台地の辺縁部に位置する。縄文時代の貝塚は全国に約２４００カ所あるが東京湾沿岸には７００カ所以上分布している。千葉市にはその内の約１２０カ所が集中している。貝塚の特色の一つは、貝殻のカルシウムによって、通常の遺跡では残らない人骨、動物の骨が保存されていることにある。ここ加曽利貝塚はイヌの埋葬例があることでも知られている遺跡である。こうしたイヌの埋葬例は他に３遺跡、縄文時代早期（約１万〜９０００年前）がある。イヌの全身骨格が人間と一緒に埋葬され

写真提供：千葉市立加曽利貝塚博物館

たことより、イヌは食料ではなく猟犬か、ペットか、人間と一緒に住んでいたと推測される。イノシシなど獲物は食した後、骨がバラバラになり、貝塚に散らばっているが、縄文の人と暮らしたイヌは食べられてばらばらな状態で捨てられた骨ではない。埋葬された頭骨から首、背骨、あばら骨、足、しっぽの完全な形の犬が出土している。朝鮮半島、中国、タイなどでは今でもイヌ肉は食料で、肉屋で販売している。食料難でやむを得なかった時の名残かも知れない。気候変動による大食料難で集落が消えている時期が縄文時代にあるが、男子1名と複数の猟犬で狩猟した縄文人は近現代のマタギのようにイヌを大事にした。緊急避難的な事態は、時と処によって発生しただろうが、日本はイヌ肉を食料とする習慣を持たなかった。牛馬の場合、それらを食用にした痕跡はこの貝塚にはなく、他

写真提供：千葉市立加曽利貝塚博物館

の遺跡でも埋葬された痕跡も縄文、弥生時代を通じてないそうだ。古墳時代以降、牛馬が輸入されるようになるまで日本には存在していなかった。『魏志倭人伝』に「その地には馬、牛、虎、豹、羊、——はいない。」と記してある。『魏志倭人伝』のこのような実際に見た部分については信用のおける書物である。

　南貝塚の貝層は大量の貝殻を捨てた場所で、ハマグリ、アサリ、シオフキなどを煮炊きして天日干しし、「干し貝」に加工し保存食としていた。南貝塚の中心部には墓地があり、色々な共同祭祀のための集いの場だ。ここは、近隣の集落が干し貝を目当てに、硬い石（遺物として出土）を交易品として持って来る交易の場にもなった。ここ加曽利には他に共同墓地があり、南貝塚

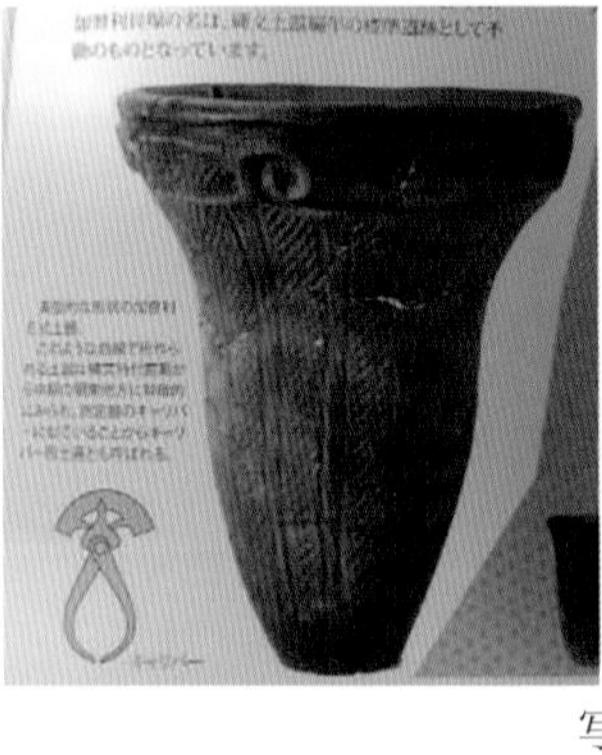

写真提供：千葉市立加曽利貝塚博物館

南東部、北貝塚東側から31体の人骨が発見された。イヌの埋葬例を先に述べたが、貝塚は土壌が酸性ではないので人骨も腐らず発見されている。ここの風習か、どの集落も同じか分からないが、南貝塚南東部は地元生まれの墓地で、他地域からの嫁、婿は別の場所に埋葬した。人骨の分析から分かったことだろうが、この墓地の紹介では、母系社会か父系社会かの推論はなく、単に、近親結婚を避ける風習があったことぐらいしか理解が進まなかった。

加曽利貝塚から出土した遺物は人骨も多数あるように、特徴ある土器や、貝・骨で作られた様々な道具など多岐にわたっている。特に、縄文時代中期後半（約５０００年前）の土器は外形面の曲線が特徴的で、このような曲線で形造られた土器の名称として加曽利Ｅ式土器と呼ばれることになった。加曽利貝塚は縄文土器編年の標準遺跡である。

■大船遺跡（５２００〜４０００年前）

北海道函館市の渡島半島太平洋側噴火湾の内浦湾沿いに面した海岸段丘上に立地している縄文時代中期前半（約５２００年前）から後期前半（約４０００年前）に至るまでの遺跡である。南北海道の縄文時代遺跡は渡島半島の南茅部地域あたり、太平洋沿岸の内浦湾沿いに集中している。それらは、北海道遺産に認定されて函館市縄文文化交流センターが管理している。ここは比較的温暖で海、山に囲まれ、多くの小河川もあり、食料を獲得しやすいだけでなく、海岸線に出ると温泉が湧き出ている海中温泉があり風光明媚で、生活、文化を発展させる自然環境に恵まれているため多くの縄文時代遺跡が確認されている。大船遺跡に入る前に垣ノ島遺跡のことに少し触れておきたい。

垣ノ島遺跡は縄文時代早期（約9000年前）の遺跡で、非常に珍しい世界最古の膝工芸品が出土している。中国にも世界最古を名乗る漆器の出土品があるが、それは約6000年前のもので垣ノ島出土品より約3000年も新しい。駒ヶ岳の噴火によって縄文時代早期の集落は断絶したが、後期（約3500年前）に集落が復活した遺跡である。この遺跡は一般に公開されていないが、著者が是川遺跡を見学に訪問した際、八戸市埋蔵文化財センター是川縄文館の特別展示「漆と縄文人」の中で、垣ノ島の縄文時代早期の膝工芸品を取り上げていた。是川遺跡の項に見学できた内容を入れ込んだので参照されたい。

さて、話を戻して、大船遺跡であるが、北の寒い大地に広がる100棟を超える大規模な集

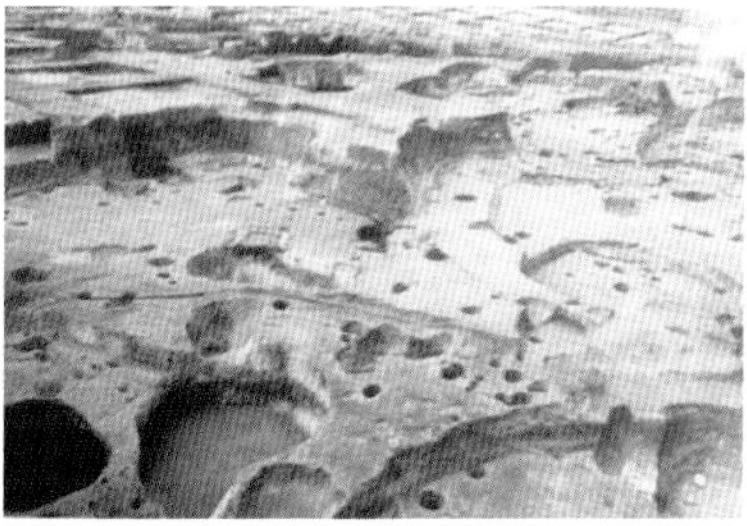

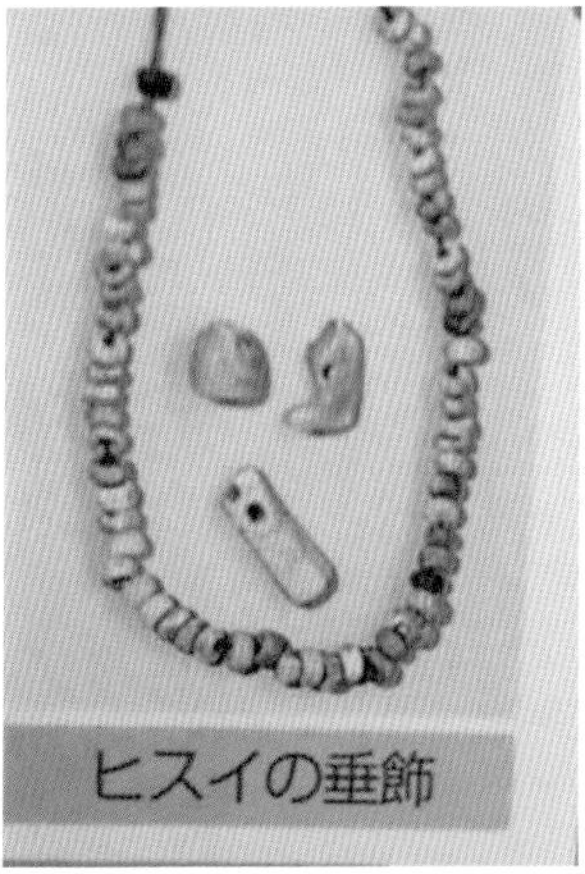

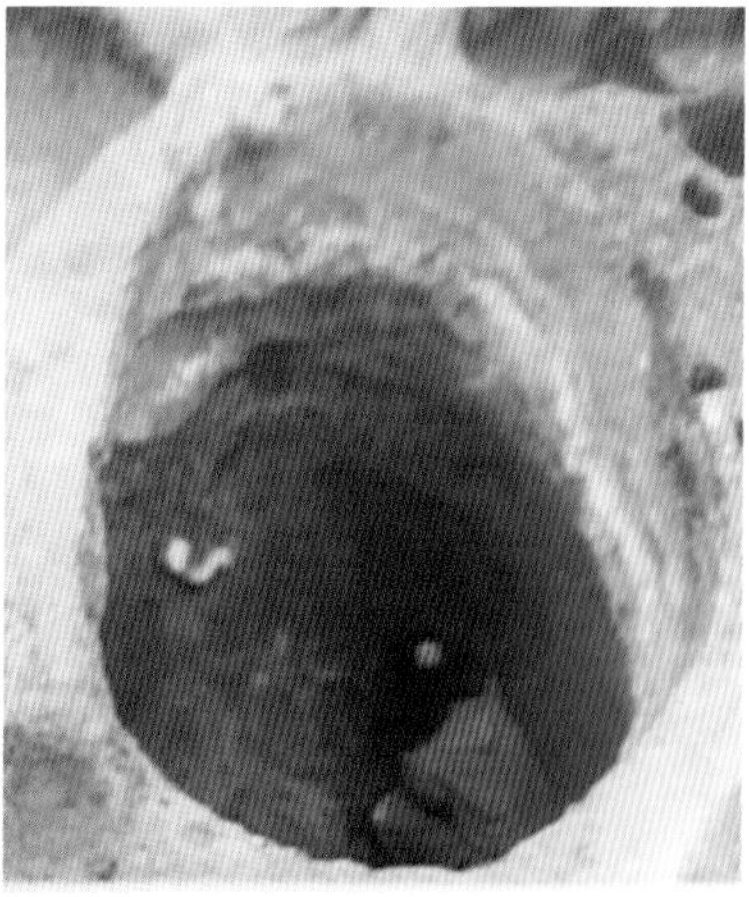

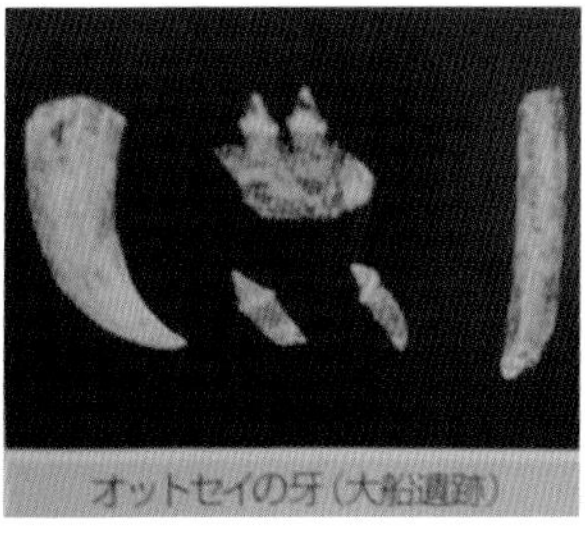

函館市教育委員会所蔵

落遺跡であり、盛り土遺構、土器、竪穴住居、フラスコ状土坑が見つかっている。深さが2・4mの深い竪穴住居が存在する。また、密集して建て替えしているので住居跡が重複している。大型のクジラやオットセイの骨、栗、クルミ、石棒、ヒスイの垂れ飾り、2000を超える石皿などが出土するなどのユニークさのある遺跡である。遺跡の脇にあるプレハブの博物館の建物沿いに非常に多量の石皿が無造作に積まれていたが、著者は、重い石皿ではあるが、これだけの量があるということはひょっとしたらこの集落から出荷する交易品ではないかと思った。石皿も一つ二つ作るのは大変だが、何百、何千も造るとなると作業がルーティン化してくるはずだ。

この遺跡ではアスファルトが出土している。アスファルトは縄文人にとっては非常に重要な材料で漁撈具のもり先と柄、弓矢の鏃と矢の接続の接着剤だった。土偶の割れ跡を補修した例が是川遺跡の合掌土偶である。黒曜石、ヒスイの玉、アスファルトなどは産地が限られているだけに交易以外に入手する方法のない貴重な材料だ。黒曜石は北海道内で調達可能だが、ヒスイの玉、アスファルトとなると本州から津軽海峡を越えて運ばなければ入手できない、産地が限られた品物で

函館市教育委員会所蔵

ある。今から5000〜4000年前に津軽海峡を丸木舟で渡って、量にもよるが軽くない交易品を運び、交易する人がいたということである。アスファルトやヒスイの玉の代わりに、荒巻しゃけとその製法技術、それと塩を受け取って帰ったのであろうか？

■笹山遺跡（5000〜4500年前）

新潟県十日町市の信濃川右岸河岸段丘上に位置する縄文時代中期（約5000〜4500年前）の遺跡である。

出土した特徴的な深鉢型土器57点は国宝指定を受け、中でも代表的な火焔型土器は「縄文雪炎」と愛称がつけられ、十日町市博物館所蔵である。芸術家の岡本太郎が先の万博でこの火焔型土器を見て、「なんだ！　これは！」と叫んだエピソードがあると記憶するが、芸術を鑑賞する知識も鑑賞能力も乏しい著者が見ても、深鉢の胴部分に

十日町市博物館所蔵

安定感があるすっきりした立ち上がり、そして不釣り合いに大きく張り出した深皿、その上部に燃え上がる火焔、頭でっかちの均整の取れた安定感には感銘をうけた。

火焔型土器は、ブームを呼び多数の類型的な土器があちこちの遺跡から出土している。信濃川流域には縄文遺跡が多数分布しており、交流の深い豊かな集落が多かったのだろう。

雪深い寒い地域の方が、食料調達の自然環境が近くにあれば掘立柱建物で定住しやすいので縄文集落がしっかりと築かれ、それが遺跡として残っている。暖かいところは簡易型の住居で移動しやすい生活を選ぶ可能性があり、遺跡が残りにくいのかも知れない。

縄文遺跡分布をみると、日本文化の基層は縄文人が営々と築いてきた感が強い。

寒い新潟だから編布の技術は食料調達と同等に重要だ。縄文人は「カラムシ」という茎が1・5mぐらいになる植物から繊維を取った。茎の皮から採れる繊維は麻などと同じく非常に丈夫で、紡いで糸、布、縄、紐、漁網などにした。近代まで衣類の原料で、別名、苧麻《ちょま》、青苧《あおそ》と呼ばれ、越後縮などの織物原料繊維であった。現代は産地が少なく国の重要無形文化財だ。

新潟は豊かであったからか、集落の人々が狩猟の成果、豊かな実り、怪我・病気・安産、死者への祈りを捧げ、祝い事があれば祭りをする集いの広場があったようだ。

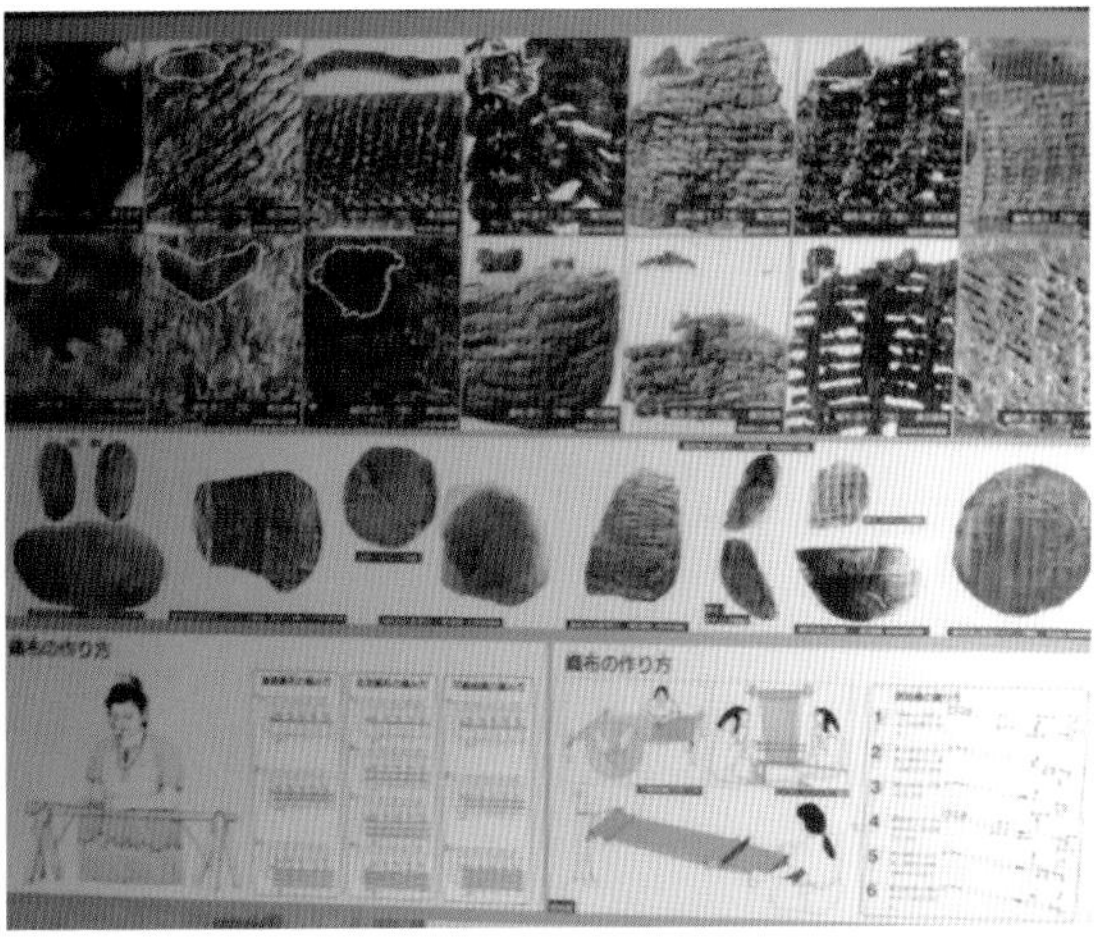

十日町市博物館所蔵

■尖石遺跡（5000年前）

棚畑遺跡（5000年前）、中ッ原遺跡（5000〜3300年前）

茅野市尖石の縄文時代後期（約4000年前）の遺跡。尖石地区には集落跡があり、そこに展示館尖石縄文考古館が八ヶ岳西方に数多く散在する遺跡をカバーする形で設置されている。

ここは八ヶ岳西方で山腹の黒曜石を求めた人々の遺跡が縄文時代草創期前から残されている。縄文時代早期（約1万年前）から縄文時代後期（約4000年前）までこの地域にはいくつもの遺跡が散在していた。その後、衰退するが、弥生中期（約2300年前）の御社宮司《みしゃぐうじ》遺跡の時代から稲作が広まり始める。

棚畑遺跡は縄文時代中期（約5000年前）の遺跡で、発掘された住居跡は149

棟、復元した土器は６００あり、茅野市内では最大級である。住居が環状に取り囲む中央広場の土坑の中から完全な形のまま埋蔵された状態で出土、土坑の大きさと、壊されていないという事実から親に先だった子どもの死を悼んで遺体の傍らにそっと置かれた土偶と考えられる縄文のビーナス、国宝である。表面はよく磨かれていて光沢を放っている。造形は一体成型ではなくて、頭、首、胴、尻、足、腕を接合して造られており、全長27㎝、重さ２・１４kgと大型の大変優れた土偶である。妊婦を表現して安産と子孫繁栄の祈りを込めた女神像である。当時の精神文化を考える上で貴重な資料であることから国宝指定された。

中ッ原遺跡は、縄文時代中期前半（約５０００年前）から後期（約３３００年前）の長期にわたる遺跡で約２００棟の竪穴住居跡、約３４００カ所の土坑が出土しており、土偶やヒスイの飾り玉を副葬する墓が作られていることから、この地域の集落群の中でも中核的な集落であったと考えられる。住居が土坑群を取り囲んだ環状集落で、国宝「仮面の女神」はその中央部の穴から横たえられたような状態で出土した。この墓穴の下部はコレステロール、リン酸などの比重が高く、多くの遺体が埋葬された墓穴である。そういう墓穴に副葬された数少ない土

発掘時の縄文のビーナス

国宝

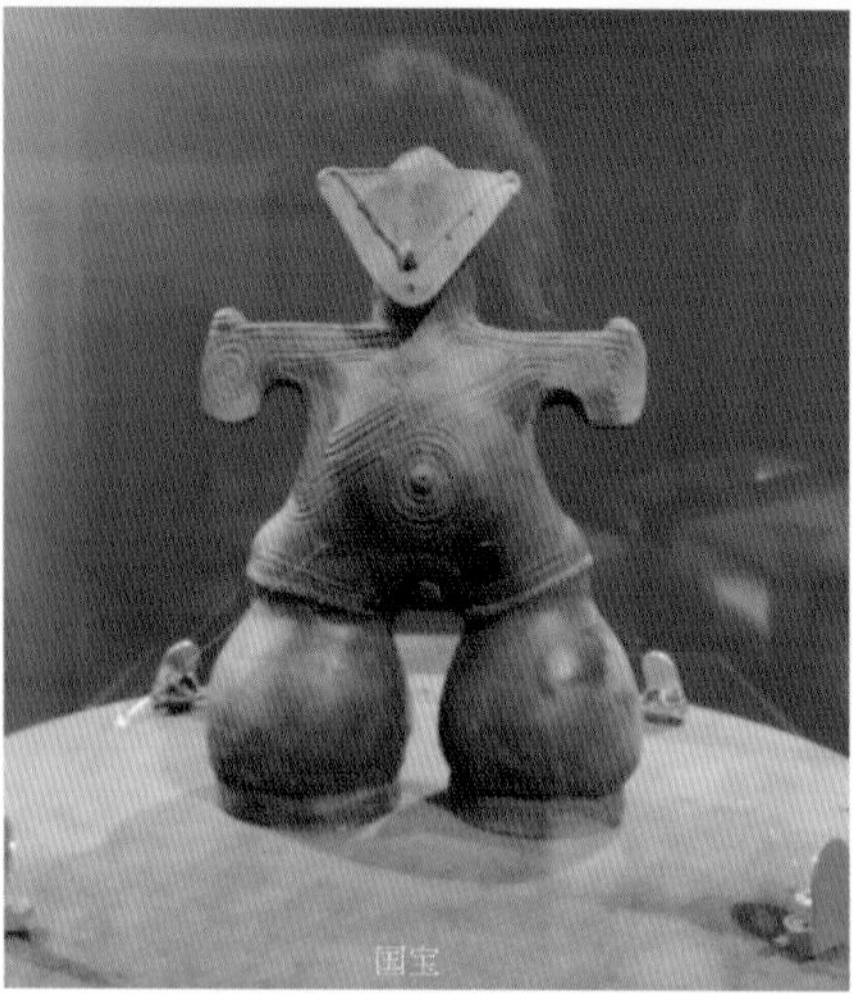
国宝

写真提供：茅野市尖石縄文考古館

偶で、仮面を被ったような表現が特徴の造形的に優れた縄文時代後期（約3300年前）に造られた国宝土偶である。平らな逆三角形の顔面表現が仮面を彷彿させることから「仮面の女神」との愛称が付いた。内部は空洞、表面はよく磨かれていて光沢を放ち、黒く燻されて焼かれている。逆三角形の仮面の角に対して、ふくよかな胴体、大きくどっしりした丸い脚部という造形は神秘的な雰囲気を醸し出している。身の丈34㎝の大型土偶で、広場中央の墓穴にそっと埋納された様子が特殊な意味を持つ祭祀、死と再生を暗示している。その小広場に8の柱穴がある。これは諏訪大社の御柱祭のご先祖だろうか？　稲作の時代になると集落は諏訪湖方面に移るのだから。

天然ガラスの黒曜石は切削用として縄文人にとって、なくてはならないものであった。八ヶ岳や霧ヶ峰は本州最大の黒曜石の原産地でここから各地へ交易品として運ばれた。縄文人にとって大変重要な黒曜石だけに交易も有利で、この尖石遺跡のある八ヶ岳から諏訪湖地方はかなり裕福な集落だった。この地域の衣食住は糸で編んだ編布《あんぎん》を着て、食は木の実を1年分保存、豆、ひょうた

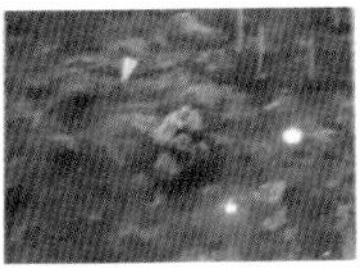

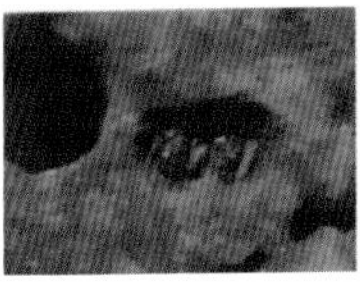

んなどを栽培し、大型住居内には火をたく炉があって祭壇もある。自然の恵み豊かな土地であった。それ故、稲作導入は他の地域に比べ早くないようだ。時間が必要だったのかも知れない。

■宮畑遺跡（４５００～４０００～３０００～２５００年前）

じょーもぴあ宮畑という名の展示館と公園が設置されている。福島県福島市岡島の阿武隈川の河岸段丘にある縄文時代中期（約４５００～４０００年前）、後期（約４０００～３０００年前）、晩期（約３０００～２５００年前）の三つの集落が別々に複合している遺跡である。それぞれに連続性はなく、新たに移住してきた縄文人によって営まれた集落と考えられている。縄文時代中期の集落からは約46カ所の竪穴住居が見つかっており、それらは屋根に土をかぶせた各地の縄文遺跡の復元

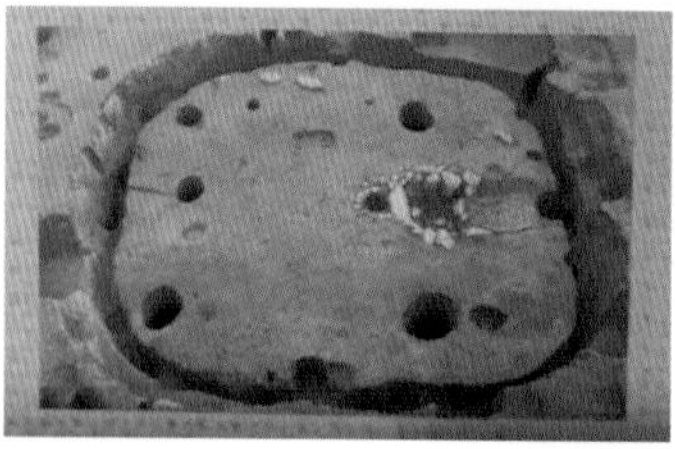

福島市所蔵

住居にはほとんどない形式である。土をかぶせた屋根の方が本物臭いと思うのは著者だけであろうか？各戸は複式の炉を住居内に持っているのだが、住居の約半数が焼かれている痕跡が確認された妙な現象のある遺跡である。住居内の複式の炉による火災とは考えられず、集落の縄文人たちがわざと一軒一軒焼いたと考えられる不思議さである。疫病の流行りにより衛生上の理由でわざと家を燃やすなど、この時代には全く有り得ないと思う。薬草の知識を少しずつ蓄積していたであろうから病を退治するために薬草を使うことはあっただろう。土屋根の炉付き住居は大事な財産だ。燃えにくくするために土屋根にしたのではなかったのか？　それを二十数棟も焼いた人々の精神状態は、何か宗教的、神秘的な意識に囚われてしまった状態だろう。縄文時代中期のことであるから、何か祭祀、宗教的な理由を考える方が妥当で、先導者、シャーマンの存在を考えたくなる。

福島市所蔵

この遺跡からの出土品ではないが、同じ福島市飯坂町上岡遺跡（縄文時代後期約３５００年前）出土の「しゃがむ土偶」が、じょーもぴあ宮畑で常設展示されている。この土偶は膝を立てて座り両腕を組んだ座産あるいは祈りの姿勢と推定されて、他に類例がなく重要文化財に指定された。

■大湯環状列石遺跡（4000年前）

秋田県鹿角市十和田大湯の、縄文時代後期（約4000年前）の大型配石遺構で国の特別史跡、ストーンサークルと言われている。

イギリスの巨大なストーンサークルは世界的に有名である。

日本では大湯環状列石が最も有名だが、他に青森、秋田、北海道など日本各地で同じ時期にストーンサークルが作られている。大湯環状列石遺跡は縄文人の暮らしぶりを見るというよりは、環状列石や日時計や柱列など縄文人の祭祀や祈りの世界を考える

遺跡である。二つの列石の中心を結ぶ線は夏至に太陽が沈む方向を指し示していて、縄文人たちが太陽の動きを意識していたことが分かる配石である。近くに墓群もあり、ストーンサークルはその祭祀の場だった。平均30kg、最大２００kgの石を約６km離れた川から運んでストーンサークルを造っているのだが、代表的な二つの環状列石だけで約７２００個あるそうだ。大変な労力が必要である。

４２００年前に「大気の極端な冷涼化」に襲われた。地球環境の大変化で食料難に陥り、より遠くまで狩猟採集に出掛けて行かないと必要な量の食料が獲得できなくなってきた。止む無く大集落をやめて一人の縄文人が食べてゆく為の狩猟採集圏を広げ、集落を分散小型化した。祭祀、祈りの場を造るために、分散した皆が集まって石を運んで環状列石や日時計状の組石を造ったのだった。木柱列も共同作業で構築した。異なる集落に分散居住していた人々を

呼び集めて、労力のいる共同作業を実施するに際しては、長老の号令が必要だっただろう。大湯環状列石遺跡は、こうした大変な労力を掛けて祭祀、祈りの場を造る精神文化、社会構造を総合的に考え、理解する重要な遺跡である。そうした考察の一助になるのかも知れない、人体を表現した土版が出土している。目、口、正中線などを穴あけして表現しながら、1〜6の数を表している。縄文人は数を数えるという概念を持っていたのだ。数を数える概念と言って驚くことはない。ストーンサークルを造るにも、木柱列を作るにも「あと何本の木柱が必要か?」、ストーンサークルでは「ここに5個、こっちに3個、合計8個の石がないとサークルにならない」とか、手の指の数ぐらいは足し算もしていたのではないかと思う。

　生活ぶりでは、ドングリを拾い集め、土坑を掘って貯蔵し、冬の食料として確保した。食べ方は、苦

い成分であるサポニンを灰汁抜きで消して粉にし、焼いてクッキーにしていたことが発掘調査で判明したそうだ。

■御所野遺跡（４０００年前）

岩手県二戸郡一戸町の国が史跡指定した遺跡である。縄文時代後期初頭（約４５００年前）に本格的な居住が始まり、後期前半頃（約４０００年前）に最盛期を迎えた集落で、山間地を北流する馬淵川右岸の広大な河岸段丘に立地しており、周辺には栗、ドングリ、あけびなどが豊富な落葉広葉樹林が広がっている。中央地点には祭祀目的の環状配石遺構、掘立柱建物群を備えた８００棟を超える建物跡が検出された大規模集落である。配石遺構は周辺の穴から墓地と判断された。掘立柱建

物は倉庫であろう。見学のための展示用設備、4000年前に焼失した住居跡をガラス張りの床下展示するなど充実した縄文遺跡公園である。縄文時代の住居を復元した遺跡はどこも草屋根、藁ぶき屋根だが、御所野遺跡は土屋根式竪穴住居が見つかった初の遺跡である。800棟が同時期であれば、1棟に3人居住したとして総人口2400人の集落ということになるが、そんなには食料が調達できないので、御所野遺跡における800棟を超える建物跡の検出は時期のずれを含んで総合計したものを単純に遺跡公園パンフレットに記載したのであろう。三内丸山集落でも、栗林の規模、大型動物の骨の残骸など食料面、トイレなど生活面から色々調べて推論を重ねて、最盛期には人口500人近くの居住があった

としている。

鼻曲がり土面（重要文化財）は同じ一戸町の蒔前《まくまえ》遺跡より出土、祭祀に用いられたと考えられる仮面で、御所野縄文博物館に所蔵されている。

御所野遺跡の広大な大地は奈良時代、平安時代に終末期古墳が造成されたが、平安時代末期頃まで人々が竪穴住宅などで暮らしていた痕跡が残っている。

■著保内野《ちょぼないの》遺跡（４０００年前）

左下の土偶は、北海道唯一の国宝、中空土偶である。縄文時代にこんな人形土偶が中空とは、砂の中子を造る技術的発想など弥生時代の銅鐸製造以上のものがあったと言わざるを得ない。土偶表面はつるりと磨かれていて、しかも、厚みも驚くほど薄いそうだ。驚嘆すべきことで、人々を一気に縄文ファンにしてしまう力を持っていると思う。発見されたのは、函館市と合併した

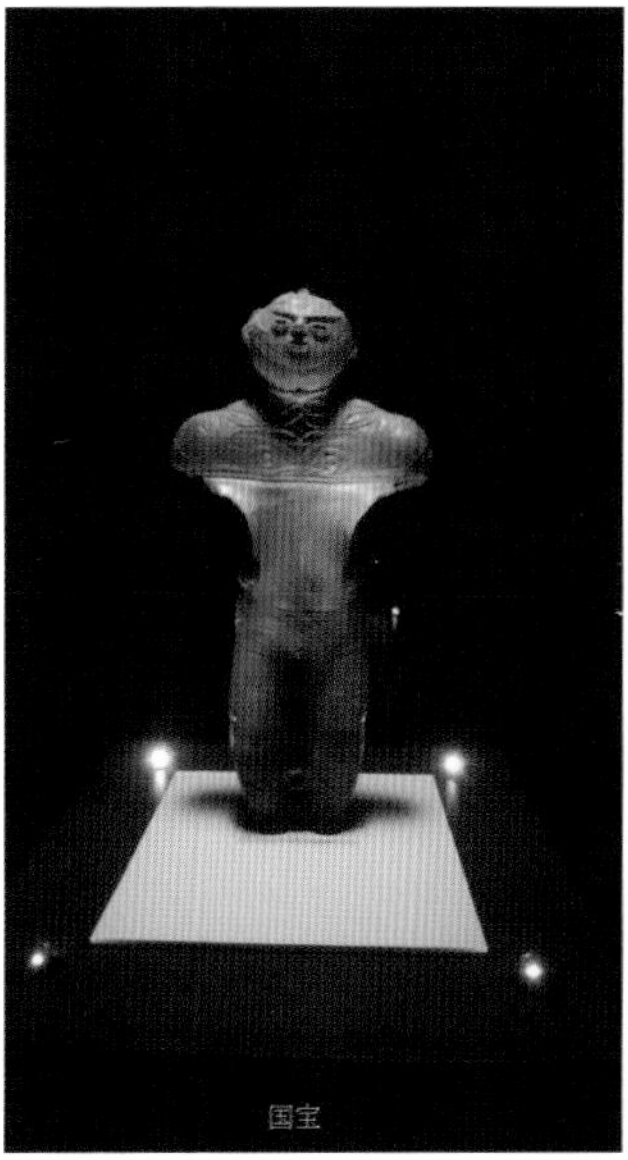
国宝

南茅部町にある著保内野遺跡で縄文時代後期（約3500年前）の集団墓からである。周辺からヒスイの勾玉や漆片なども発見されており、祭祀のために中空土偶とともに埋納されたもので、当時の宗教観を考える上で重要な遺跡である。埋納の際には、遺体のそばに中空土偶を置き、そっと故人に思いをいたしながら土をかけ、転生再生を祈ったのであろう。

この中空土偶は3200年の長きにわたり、壊れたり、とろけたりすることなく地元の主婦に発見され、届け出た地元役所経由で文化庁にて永遠の命というべき国宝となったのである。愛する人の傍らに中空土偶をそっと埋納した縄文人の宗教観通りになったといっては言い過ぎだろうか？

■亀ヶ岡石器時代遺跡（3000〜2300年前）

青森県つがる市、津軽平野西南部の岩木川左岸にある縄文時代後期（約3000年前）から晩期（約2300年前）の遺跡で、1622年に津軽藩主が亀ヶ岡城を築城しようとした際に土器、土偶を発見したという歴史がついている。江戸時代から造形的に優れた土器が多数出土することで知られ、それが原因で北日本の土器文化を亀ヶ岡文化と呼ぶそうだ。出土する土器の素晴らしさは外国人も魅了したそう

で、出島のオランダ商館を通じ、ヨーロッパにも流出したらしい。明治20年に発見された土偶は、大きな目の表現がシベリアの人が掛ける雪メガネに似ているという説から遮光器土偶と名付けられている。この有名な土偶は表面は赤く彩られていたと思われる痕跡が残っている。体内は中空で、東京国立博物館所蔵の重要文化財である。２０１５年にロンドンの競売会社サザビーズのオークションで約1億９０００万円で落札された遮光器土偶があった。どんな経路で流出したのかは分からないが、日本に留めておきたいものだ。遺跡は、標高7～18ｍの台地と、それを囲む低湿地にまたがって立地、土偶、赤塗りなどの彩色土器、漆器などは低湿地から出土、台地部分からは土壙墓、竪穴住居跡が発見された。遮光器土偶の複製が亀ヶ岡遺跡の遺物、資料とともに、つがる市の縄文住居展示資料館

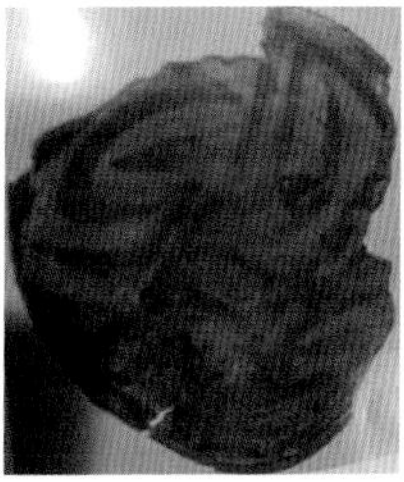

個人所蔵

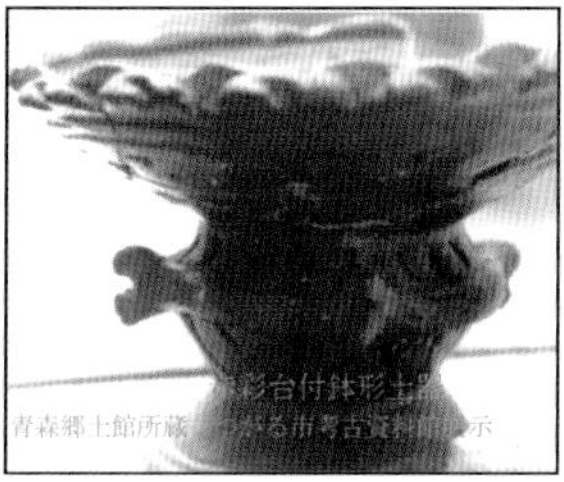

青森県立郷土館蔵

青森県立郷土館蔵

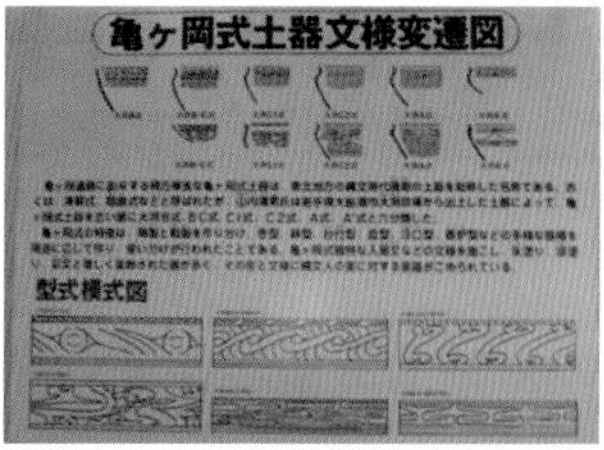

「カルコ」に展示されている。

北日本の土器文化を亀ヶ岡文化と呼ぶほど亀ヶ岡式土器は特徴があって、精巧華美な装飾を施した器が多い。文様は亀ヶ岡式独特の入組文を年式の古い順に変えてきている。土器の種類（壺、鉢、台付き、皿、注口付き、香炉などの型）によってきめ細かに文様を使い分けしている。縄文人の美に対する意識が込められている。漆塗り土器だけではなく籃胎漆器（竹や樹皮で編み組みした籠を漆塗りした製品、この場合は竹籠に麻布を貼り付けてその上から漆塗りしている）もある。考古学では「土器の編年」と言って土器を年代特定の指標にしている。縄文時代の土器は種類も量も無数にあり、それを発見・発掘された地層（地層も年代別がある）別に分類、指標化して製作年代が分かるようにした考古学者の労作だ。日本の「土器の編年」の精緻さは世界一だろう。土器は、縄文人の最大の財産、実用道具だが、キャンプの移動生活では重た過ぎて持ち歩けなかっただろう。イヌは人間の共生者として暮らしていたことが貝塚から発掘された遺体・遺骨の状態から考古学的に分かっているが、牛馬など家畜はまだいないし、荷車もない。植物で編んだ袋、動物の革袋にせいぜい多少の保存できる食べ物を入れ、他の袋に槍先、弓矢の石器交換品、他の狩猟、漁労道具など、ごく限られた身の回り品が運べるだけである。定住が先か、土器の発明が先か、日本国土は平地が少なく山越え、川越え、森林をかき分けなければならないので移動は少人数に限られた。それが定住となれば、重たい土器を色々な用途に使うため、いくつも保有できる。煮る、食料を保存する、飲料を身近におく、堅果類を水漬けにして渋を抜き食料化するなど、生活が楽になって知識もどんどん蓄積された。だから採集、狩猟、漁労の食料調達の生活そのものだけでなく栽培にも目が向き、ますます定住生活が深まったのが縄文の文明進化であった。縄文時代の始まりはまさに土器の発明にあったのである。土器だからこそ焼くだけではなく煮ることもでき、食生活のバラエティが広がった。そして、家族が増え、グループの仲間が増え、コミュニティが大きくなり、智恵の共有、交換、協業、分担、専業、分化など文明進化がつぎつぎと起こっていった。定住、土器が文明進化のためのイノベーションだ。

この展示館の展示物に縄文家族が津軽弁か五所川原弁か何語か聞き取り不能の言葉（縄文語）で話し掛けるところがあった。男女二体の人形が往時の姿、言葉で話しかけるのである。まったくチンプンカンプンであった。一語も耳に引っかからなかった。どのようにして研究したのであろうか？　話しかけられた縄文語は今の日本語の親元であるに違いないが、この展示館の縄文語と称するものは2〜3世代前の津軽弁じゃないだろうか？　今の日本語にすると、「あなた達は誰　どこから来たの　アハハゆかい　ゆかい　まあ

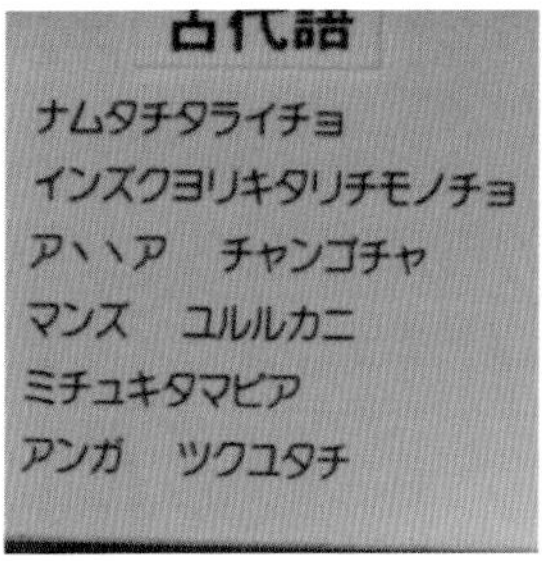
古代語
ナムタチタライチョ
インズクヨリキタリチモノチョ
アヽア　チャンゴチャ
マンズ　ユルルカニ
ミチュキタマビア
アンガ　ツクユタチ

ゆっくり　見ていって下さい　わが友よ」だそうだ。40〜50年前、農閑期の出稼ぎ季節工の五所川原弁は、確かにチンプンカンプンだった。縄文時代に文字はない。しかし、言葉はあったし、人々は話し言葉で生活経験を語り、交易をし、子や孫へ経験を伝承していった。縄文人たちが何世代もかけて自然発生、追加付加した言葉で縄文語は構成されてきた。もっと前からあった日本祖語がベースにあったが、それに新しい生活、経験が加わった。縄文時代中期（約５０００年前）頃に朝鮮半島に渡って住んでいた縄文人たちの言葉は朝鮮語の基礎のような関係になり、日本列島の交易圏で使われる縄文語から切り離されていった。日本列島では、縄文人たちの何世代もの生活が共通の言葉を作り出して縄文語すなわち原始日本語が構成されてきた。縄文語については奈良大学名誉教授木村紀子が『原始日本語のおもかげ』（平凡社）を書いている。

花　鼻　パッと眼につくもの
葉　歯　生えては落ちる
穂　頬
茎　歯茎　生えてくるところは茎
芽　目　裂けてでてくる
実　身

植物と人間の体各部位の名称同根説だ。

■是川遺跡（２５００年前）

青森県八戸市東南部を流れる新井田川沿いの台地に点在する縄文時代前期（約７０００年前）～縄文時代晩期（約２５００年前）の遺跡。風張1遺跡（縄文時代後期約３５００年前）、是川中居（縄文時代晩期約２５００年前）遺跡ほか数カ所の遺跡を含め、八戸市埋蔵文化財センター是川縄文館が一括管理している国の史跡。中心となる是川中居遺跡は範囲内に低湿地があるため、木の実、木の実の殻、漆濾しの布など多様な植物性遺物や人骨も出土している。また、新井田川の対岸にある風張1遺跡から座って両手を合わせ合掌している土偶が発掘され、合掌土偶と名付けられて国宝である。住居の片隅に置かれた状態で出土した合掌土偶は、通常、土偶は埋納されるのが普通で非常に珍しい使われ方である。合掌している姿は非常に珍しいものだが、ここでは似た合掌土偶は約70点ある。国宝になったのは、手足の割れてし

まった部分をアスファルトを使って修復して長く大事に使っていたと考えられ、顔面、身体の一部に赤色顔料が認められ、使用されていた当時は全体が赤く塗られていたものである。是川遺跡の合掌土偶が発掘された住居跡の30m隣の住居から発掘された土偶は、頬杖をついた姿勢をしていることから頬杖土偶と名付けられた。同じ縄文晩期の是川中居から発掘の妊婦土偶とともに重要文化財となっている。そこには竪穴式住居が復元されている。もう一つの妊婦上半身の土偶は縄文時代中期(約4500年前)のものである。

是川中居遺跡では漆塗りの多様な植物性遺物が検出されている。うるしの樹液(漆)は接着力、水への耐久性が優れているので、縄文人は早くからうるしを利用していた。槍先、弓矢の矢じり、魚を突くモリ先を接着固める

板状土偶

中居遺跡復元竪穴式住居

赤色漆塗土器

中居遺跡出土の土偶

接着剤、土器は素焼きのため水漏れがありがちでその防水にも利用した。細枝で編んだ籠の補強、装飾、土器の装飾、木器の補強装飾、ひいては衣装の装飾などに利用され、それが全面漆塗土器になったのであろう。是川中居遺跡出土の赤色漆塗土器は重要文化財となっている。後には漆の焼き付けや象嵌といった技法も開発されていった。是川遺跡の「漆と縄文人」の特別展では、取り上げた縄文時代早期から晩期だけで40カ所近い遺跡群で漆を扱っている。漆は必需品だったのである。漆、漆利用、漆器は縄文から現代に至る日本の伝統工芸だ。工芸として進化し続け、18世紀に欧米に漆器が輸出されるや人気工芸品となって「ＪＡＰＡＮ」と名付けられるまでの一級品に育っている。漆は、英語で小文字「japan」である。漆、漆器、漆塗の、漆器の、という訳語となっているほど日本伝統品である。垣ノ島Ｂ遺跡では縄文時代早期の土壙墓から約９０００年前の漆塗の装飾品が副葬品として出土している。これは漆を塗った赤い糸で編んだ腕輪とひざ掛け状の装飾品である。中国には約６０００年前の漆塗茶碗が、

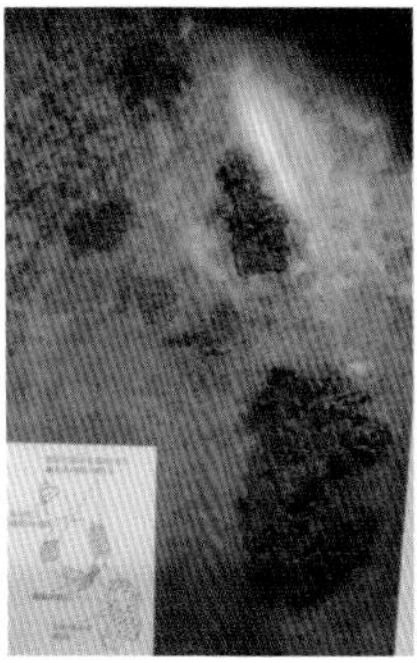

漆製品出土地図

世界最古の大規模な稲作で有名な河姆渡《かぼと》遺跡で発掘されているが、垣ノ島B遺跡の漆塗の装飾品はそれよりも古い世界最古の漆工芸品（約9000年前）である。

　漆器の文化が中国と日本とでどう繋がっているのか専門家の議論があるそうだ。また、うるしの木は日本に自生していないとする植物学者がいる一方、鳥浜貝塚（縄文草創期〈1万2600年前〉頃の地層からうるしの木が発見された。うるし（やまうるし）の木は、今では日本全国いたるところに生えている。著者も子供のころ若いうるしの木を適当な長さに折ってチャンバラごっこ遊びの刀にしたものである。うるしの木はまっすぐで、遊びに扱いやすかった。子供の中には手がかぶれる者もいた。縄文時代草創期にうるしの木をどうやって中国から日本へ持ってきたのかとか、漆器の文化問題は専門家に任せるとして、現代日本の漆工芸は、日本では良質の漆が生産・流通していないので、中国からの輸入に頼っているとか、残念なことである。一方、縄文時代で

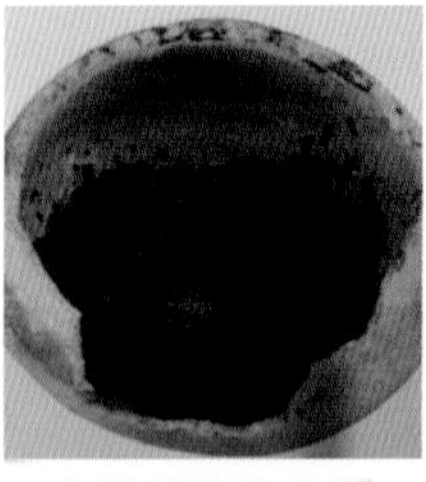
素黒目漆入土器

漆掻き

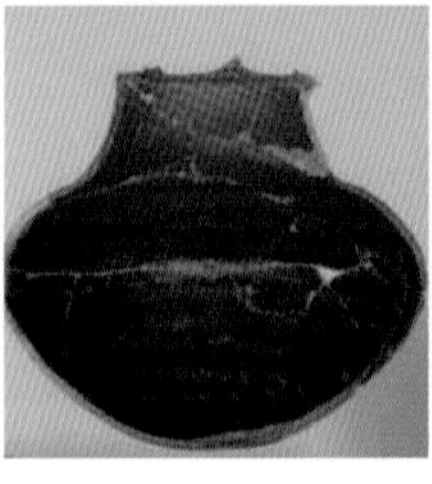

漆漉し

は、交易人が漆、漆塗製品を持って旅をして、漆工芸技術の発達にも貢献しただろう。うるしの木自体を交易品にしたことがあったかも知れない。

木から樹液を採取する漆掻きは、石器で幹に斜めの傷をつけて木製のへらで掻き取る。次いで木くずなどごみを濾す。素黒目漆が入っている漆液容器は縄文時代晩期の出土である。はけでつぼ型土器の内面を横方向に生漆を塗った漆塗り土器は縄文時代晩期出土品で重要文化財である。焼き上げ状態がうまくいった土器に漆塗りしたいのは解るが、内面を塗るのはなかなか難しい。まして横方向に塗るとなると、「くの字」に曲がった筆を作るしかない。

漆、漆器の話ついでに、日本人だからこそ持っておきたい蘊蓄を傾けたい。漆という皮膜は世界最強の植物皮膜で、漆液中のラッカーゼという固化を促進させる酵素が空気中の水分から酸素を取り込み、漆の主成分ウルシオールを酸化重合させて硬化するのだ。硬化温度は24～28度、湿度は70～85%が適しているそうだ。一旦、硬化すると、酸にもアルカリにも熱にも強い耐久性と、塩分、アルコールなどに対する耐薬品性、防水、防腐性がある上に電気に対する絶縁性も持っている。これが地中で何千年も縄文の漆製品が腐らずに遺物として出土する理由である。

概観　縄文時代、縄文人まとめ

バイクツーリングは素晴らしい。バイクにまたがってエンジンをかければ遺跡へと誘ってくれる。本で読む歴史、写真で見る1万5000〜1万6500年前の人々が使っていた道具などの考古学的遺物、ツーリングで実際に見る遺跡の現場とその地形／周辺の風景、その展示館と展示物が頭の中でばらばらだったが、連携してきた感じができ始めた。特に遺跡現場の地形と地勢、風景は知識の断片を歴史の流れの中に位置づける力があるように感じた。とは言っても、縄文の人々の肌のぬくもりを感じられるわけもなく、縄文人が現代にまで生き残してくれたものは何かを感得するに至ったという気はしない。おじいさん、おばあさん、父、母、そして子へ伝えられていった色々な話の中に文化的な伝承としてずっと生き残ってきたものがあるか、いわゆる日本神話でさえ、古墳時代草創期、弥生時代に遡るぐらいのもので、いくらなんでも縄文時代の伝承、口承が生き残っているなんてことがあるのか？　約2500年ぐらい前から、交易人によって伝えられる水田稲作の情報に、集落の若い人が聞き耳を立てたのか、あるいは長老が聞き耳を立てたのか、集落によって違いがあるだろうが、徐々に熟成してきた縄文社会の伝統と新奇なものへの挑戦のせめぎあい、そんなことを考えながら、訪問見学した縄文遺跡は20カ所以上になった。バイク野郎としては本や新聞や何やかやから、ここぞという遺跡を選んで訪問見学したつもりである。日本には文化庁に登録されている縄文遺跡だけで気が遠くなるほどあるようだ。だがこの著作に取り上げた17カ所は取り敢えずの区切りとして上出来と思っている。百聞は一見に如かずで、現場、現実、現物をわが目で見てきたことで、著者なりに縄文時代が何なのか分かってきたからである。縄文時代と縄文人を少し著者なりにほぐして、そして、まとめてどんなであったか述べてみたいと思う。

概観　縄文時代とは

１　縄文人と現代日本人のＤＮＡ

縄文人と現代日本人のＤＮＡを比較してみた結果は、「現代日本人は、ＤＮＡ鑑定によれば近隣諸国の人々と直接のつながりはなく縄文人の子孫である」と言えるようだ。国立歴史民俗博物館、２０１９年３月19日、リニューアルオープンの第1展示室「先史・古代」の展示で「縄文人は丸顔で彫りが深いなど独特の特徴を持っているが、同時期の中国大陸側において類似した特徴を持つ人々は確認されていない。その意味ではユニークな存在であるが、遺伝的にも現代日本人に繋がる人々である」と詳細情報をつけずに断言している。

『新版日本人になった祖先たち』（篠田謙一）によれば、ＤＮＡ鑑定は現代の近隣諸国の人々、現代の日本人、縄文人のそれぞれのＹ染色体ＤＮＡとミトコンドリアＤＮＡを分析比較しなければならないが、現代日本人と縄文人はお互いに近いハプログループ（遺伝子情報に影響を与えないわずかなゆらぎレベルの塩基配列の変異グループのことで多型と呼ばれる現象）に属することが分かっている。Y染色体DNAハプログループでは、現代日本人がグループD、調べることのできた縄文人の人骨は4体だが4体ともグループD、チベット以外の近隣諸国には見当たらないグループだった。ミトコンドリアDNAの場合、ハプログループM7a、N9bがほとんどの地域の縄文人の人骨から検出されているが、現代人では日本列島以外からはほとんど見つからないグループだそうだ。と言うことは縄文人から継承するほかないわけで、弥生時代に稲の水田耕作技術をもって日本列島へ来た人々はそれなりに多かったが、混血してもも民族のDNAが変異するほどのことではなかったのである。このDNA鑑定から、縄文人が現代に生き残してくれたものはなんと、われわれ自身、現代日本人のことなのであった。縄文人は血脈を継続して次の世に送り出し、伝承し、残していってくれたのである。

2　自然との共生と食料調達

縄文時代は1万6500年前に始まり、自然との共生、食用となる生物の生態系に適応し、1万4000年にわたる狩猟、採集、漁撈、若干栽培を生業とし、持続可能な社会を形成した日本列島特有の時代である。縄文時代を一括りにまとめて、簡潔に食料調達がどうであったかを述べようとするとこのようになる。しかし、飢え死に寸前の放浪者のように、何日も腹ペコで食料が見つからないこともあったに違いない。持続可能な社会を形成することを言い換えると、自然との共生、すなわち、日本は海に囲まれた山国で四季が巡り、それらから得られる食べることのできる動植物を順繰り、有機的に活用する知識を蓄積して狩猟、採集、漁獲することができるようになってきたということである。これが、食用となる生物の生態系への適応である。この知識の蓄積が、日本列島に来るまで主たる食料としていた動物食に加えて、徐々に植物食を増やしたことが飢え死にを遠ざけたのだ。漁獲食料は変わらずに続けた貴重な蛋白源だった。植物食について具体的に言えば、縄文人たちは、欧米人に「りすの食べ物」と言われかねないドングリ（クヌギ、ナラ、カシ、シイの実）、トチ、クルミ、クリなどの木の実が主食だったのではないかと思われる。食料獲得が安定して、竪穴住居に定住できるようになると家族単位の集落が形成され、貝塚ができた。貝塚を発掘すればその集落で何を食べていたのか解る。貝類、スズキ、カツオ、タイ、ボラ、サケ、淡水魚を含む魚類、ニホンジカ、ノウサギ、キツネ、ツキノワグマなどの動物、植物では前述の堅果類、ツル豆などのマメ類はよく食べられていた食料だ。長い時間の中で形成された縄文食文化は、現代日本の食文化の基層となった。集落を形成することができた縄文人たちは日本各地どこでも食料獲得の一助とするため、集落内外で食用植物の栽培を行っていたようだ。しかし、米ほど栄養価の高い食料が、稲作という技術とともに伝来するまで、縄文時代中に他の農作物でも、農業という段階までには至らなかった。食肉生産の牧畜に至っては、その発想の萌芽すら発見されていない。

3　集落の形成・社会の形成

旧石器時代の人々は大勢で大型動物を追ってキャンプ生活をしながら狩猟して食料を獲得していた。大型動物が少なくなって狩猟が難しくなった時代に適合する必要があった縄文人は、土器と弓矢を発明し小人数の定住生活を始めた。土器で煮炊きをすることによって、食料を長く持たせることができただけでなく、植物食を交ぜて量を増やして食料の多様化が図れた。細かい石器、石鏃を造り、矢を作って、縄文人は小動物の狩りを生業とした。弓矢は小動物の狩りに適していて、大勢の仲間は必要なかった。というよりは、獲物の小動物は大勢に分け与えるだけの食料とはなり得ないので少人数の方が良かった。縄文人は孤独な狩人であったが、少人数の群れは作っていただろう。

人間はひとりでは暮らせない。離れ猿のように群れから離れて単独で食料を獲得することは可能だが、子孫を残せない状態で生を全うすることはできない。離れ猿とて自分が生まれ育った群れでなくとも隣の別の群れに入り込み、そこの構成員として猿の生を全うすることはよく知られている。

山極寿一著『父という余分なもの』は人間、ゴリラ、ボノボなどを比較しながら、男としての種の保存継続だけでなく、男親の分野に立ち入りながら蘊蓄を傾けていて面白い。特に人間は誕生から成人するまでに長時間を要することからも群れ社会を絶対的に必要とする。人間は子孫を残すことだけがその一生の目的ではないが、群れ社会の構成員として一定の居場所を定めることによって群れ社会に貢献することで生を全うする。山極寿一先生の著書には、所属する群れ社会に一定の居場所を定めることができなかった雄でも雌でも離れ猿となって放浪し、やがてどこかの群れに入り込み居場所を定めることが種ごとに描かれている。人間とて同じことであって若者の悩みの最大のものだ。猿も人も居場所は他者に決めてもらうのではなく自分で決めるのである。

山極寿一先生の猿の話を持ち出して簡単に述べたが、小集落に分散居住していた縄文時代の婚姻はどのように行われたのか、男が女を見つけてそこへ入り込んだ、どちらかといえば母系社会的なやり方だったのか、または、女をさらってきて取り込んだ父系社会的な婚姻か、そこまでのことが分かる遺跡はなかった。本によれば、母系も父系も一夫多妻も複合的に埋葬された人骨の分析から実例が上げられているが、決定打はないようだ。いずれにしても、原始母系社会が父系社会に変動していった時期があったであろう。１万４０００年にも及ぶ長い縄文時代の最大の社会変動は、母系社会から父系社会への転換だったのだろうか。女性シャーマンの存在は、母系、父系の転換は社会に何ほどの影響も与えなかったのであろうか。縄文人社会は、大きな社会変動を経験することなく、自身の緩やかな進化を続けたようである。

縄文人の食料の調達・融通ができる少人数の群れは、住居造りの共同作業、土器・石器作りノウハウの交換などから、やがて小集落となっていった。一方、気候が温暖な地方では、ほとんどキャンプ生活に近い、定住といってもすぐ移動できる簡易的な住処で暮らしていた縄文人もいたので、一律に縄文人は竪穴住居に定住したとのまとめは正しくない。

縄文時代中期の5500年前から4000年前頃になると、遺跡を見て驚くが、大集落が出現した。100〜1500人規模の集落ができていたであろう。そんな大きな群れ社会では、類人猿の時代からDNAに摺り込まれているようにリーダーが必要だ。約5000年前の大集落にはリーダーがいた様子が見て取れる。狩猟、採集、漁撈に長けた長老、土器・石器造りの達人、住居・建物を造る名人、遠くまで交易に出掛けて交易品を持ち帰り、かつ、有用な情報をも掴んでくる交易人などがリーダーとなった。リーダーは病気の人の世話をし、快癒を祈り、災害への対応を指揮して集落を安全安寧に運営した。小集団が地域の社会を形成してその場所に定着した集落は、交易人が必ず訪れる集落と呼べる状態にまで成長してきた。そう思える大集落も数ある遺跡の中にはいくつかあった。これが文明化の始まりだ。

「縄文時代が世界の先史時代歴史の中における明らかな特異性は、四季折々の食料の調達が一定の循環によって潤沢に可能な地域を選び、小集団の定住が考古学的に明白であることにある」と縄文遺跡を世界遺産に登録しようとのパンフレットのどこかに書いてあった。四季折々の植物性食料、回遊性魚類が念頭にあるのは当然であるが、食料調達が潤沢に可能かどうかは気候の影響があるので、パンフレットの表現はちょっとこそばゆい。縄文人は世界で最初の定住型人類と呼ばれている。徒歩で行ける範囲、あるいは獲物食料を持ち帰って、腐って食べられなくならない範囲内でキャンプをして獲物を探す食料獲得圏を見出した人々である。世界的には新石器時代に区分される年代に、定住化することによって重たい土器を製作し、家財道具とした。キャンプの移動生活では重たい土器など運ぶだけで大苦労だ。居場所が定まって、世代を重ねると、実用的でない土器を必要とした精神世界をもつ、いわば文明と呼べる状態に達した。冬、厳しい寒さの中で、しかも数カ月の長きにわたって積雪のある中で、食料を調達し、表土を掘り下げて凍結しない床面を確保した竪穴住居を定住根拠として、縄文社会を営んできた。この集団定住化がグループ毎の得意技を生み、得意技の交換が物々交換、ひいては交易を生み出した。食料は割合豊富で、生活は余裕があり、土器、骨角器での釣り針、魚をつくモリ、木材を切り倒す斧の製作、祭祀に関係する趣味性のありそうな土偶製作などまで、交易人の手を借りつつ集落内社会を形成していった。

縄文の人々は1万4000年の長きにわたり日本の国土に住みついて、火山の大噴火、大地震、台風大雨、洪水、土砂崩れにめげずに、いやめげたけれども、大災害、天変地異の影響が少しでも薄れた所を選び直し、また定住生活をしたのだ。日本の国土から新天地を目指すことはしなかった。そして、縄文時代の早い時期から交易を行ってあちらこちらに定住グループがいることを知っていたようだ。定住した地域の特性によって、その小集団特有の得意技が生まれ、リーダーの指導によって得意技は磨かれ、食料とか、食料調達用具などの備蓄に進み、財産化してゆくに連れ、他の小集団との交易が活発化していった。

4　縄文時代の交易

財産の重み、多寡、交易の巧拙などにより縄文集落の優劣が目立ち始めたであろう。文明化とは集落が周囲の環境に完全に順応し、環境を自ら改良するなどの集落の固定化が起こらなければならない。そうなることによって、交易がスムーズに定期化され、商業とはいえないまでも交易のネットワークができてくる。このような順を踏んで文明化が進んでいっただろう。細々とした交易から定期的な交易ネットワークになったのである。

著者は、プロフェッショナルな交易人がいて、こうした集落を訪問し、どこにでもあるものではない有用な品々を紹介し、物々交換していたと考えている。交易人が話す単語、会話が縄文語の基層に蓄積されていった。重い交易品を背負った旅は、方位も道も、歩いてゆく先に集落があるかどうかも分からないのでは不可能だ。交易人のルーツは恐らく丸木舟で各地を渡り歩いていた逞しい男だろう。日本海沿岸流に乗り、時には対馬、壱岐、朝鮮沿岸まで、グループを組んで行き来した経験のある人たちかも知れない。彼らが交易品としていた品々は、黒曜石、サヌカイト、チャートなどで、それらは割れ口が鋭くナイフ状になるし、ちいさい欠片は博物館で鏃と言って展示している弓矢の矢じりになる。また、斧用の硬い石、接着剤としてのアスファルトなどもある。かなり重要な交易品だったアスファルトは産地がごく限られており、その遺跡が見つかっている。新潟県新津油田西隣の大沢谷内遺跡では、採掘、採取したアスファルト原材料を土器に入れて運び出し、近隣に造った工房で加熱・精製した。製品は交易人によって、土器に小分けされ、編布や笹葉に包み搬出された。消費地の拠点遺跡で保管される実態も明らかになっている。交易人はこのように産地で補給し、消費地に狙いをつけ、交易して歩いたに違いない。アスファルトや黒曜石などは生活必需品であった。各集落とも交易人から仕入れて多少なりとも備蓄していたに違いない。

交易品には食料もあった。食料の場合、どれほどの遠隔地まで交易範囲としていたかは不明だが、加曽利貝塚の干し貝などは有力な交易品だ。栽培種の栗・稗・粟などは栽培（方法、環境など）技術情報とともに交易人からもたらされただろう。大陸からもたらされた稲以外に、自生していた南方系とかジャポニカ米などが、小規模に陸稲栽培されていた可能性もある。後期には、食料、道具類の備蓄品とか地域特有のデザインの土器などまでが、交易の対象になった開かれた社会であり、お互いに切磋琢磨して進化する社会であった。人間の知識を積み重ね、欲望をエネルギーというかエンジンとして、積み重ねた知識を紡いで発展させて利用する果てしない繋がりである。欲望を欠くと、積み重ねてきた知識は紡がれない。仏陀が教えているのは欲望の滅却ではなくて、煩悩の制御である。交易がここまで盛んになると、各種装飾品、例えば玉、勾玉、ヒスイの勾玉、ゴウホラ貝の腕輪、玉や貝殻で編んだ首飾りなどは、産地で拾って運ぶだけという交易品ではなく、アスファルトもそうだったが、一定程度以上の加工をして付加価値をつけるため、これも狙いをつけた遠く離れた消費地でないと簡単にはさばけない交易品だった。このような貴重な交易品が遠く離れた原産地から運ばれて、限られた集落で限られた所有物として使われた後、遺物となった。当然、それを保有した個人がいた。縄文集落といえども人間の集まりには優越願望があり、身分の階層化が厳然として始まっていたのである。

漁師、農人、狩人、猟師、土器製作工人、農機具製作修理工人などがそれぞれの技能を磨いたし、交易人も職能化して他の動静さえも伝えていたことだろう。交易人は集落で次第に受け入れられていった。中には交易に来た土地に留まり土地の女と結婚、コミュニティの一員となる者もいて、近親結婚の弊害を緩和する重要な役割を担っていたようである。いつの頃からか集団の長老は意識していて、交易人を積極的に取り込んでゆく習慣が出来上がったと思われる。平安時代に京の都の貴種が奥羽地方を旅すると娘を夜伽に出して都の血をいただいたという話があるが、その原型が縄文時代の交易人にあるのかもしれない。

縄文時代文明まとめ

著者なりの縄文時代文明まとめを述べてみよう。バイクツーリングで訪問見学して十数年の時間をかけて感じ徐々に頭の中で構成されてきた縄文文明観である。

１　日本の地方の源流

三内丸山遺跡、上野原遺跡のような大集落は、縄文時代の長い年月を通しても天変地異の影響もあってまれであった。三内丸山は寒冷化による食料難から大集落を維持できず、集落構成員一人ひとりの食料獲得圏を分散させて縮小した。上野原は鬼界カルデラ噴火の破壊的大被害に遭い壊滅した。そして、２５００年の時間が火山灰の上に植物を呼び込む環境変化を徐々に醸し出し、それに呼応するがごとく植物が萌え始め、動物が戻ってきた。大自然が復活したから、縄文人も戻ってきたのであった。逞しい人々であった。そうしてまた、大集落を営んで地方勢力を形成したようである。こうした例は非常にまれだと思われるが、しかし、三内丸山や上野原ほどではなくとも長く継続した集落は、その後の変化にも適応して弥生時代、古墳時代へと連綿と繋がって土地の人となって、その地方を形成していったと考えられる。御所野遺跡、長者ケ原遺跡、真脇遺跡はその実例だろう。尖石、棚畑、中ッ原遺跡などは諏訪地方の土着部族となっていったのだろう。こうした縄文人たちが定住してそこに長く土着し、部族社会を形成したようなケースが日本の地方の源流と思う。

２　農業のシステム化失敗

元々、食料豊富な日本の国土、風土、自然であっても、狩猟、採集、漁労での食料獲得の知識、技術のレベル、労働力は人口と見合っていた。山々は急峻過ぎて食料を得ることのできるところは山麓、里山に限られ、時間効率を上げることは難しく、食料増産は困難だっただろう。栗林の管理、稗、粟、豆などの栽培は女性が主に携わって分担協業したようだが、植物食料の農業化はどこまでできたのであろうか？　どの遺跡でも栽培していたようだが農業化と言える段階は確認できなかった。人口を増やすほどの食料増産には至らなかったと思われる。また、ある程度できたとしても、それら食用植物は単位エネルギーが低く大きな人口を養うことはできなかっただろう。単に、山に採集に入るなどの労働負荷を軽減する効果だけだったと思われる。

3　戦争と奴隷

食料獲得に忙しく、稀に仕留めたイノシシやシカを大勢に分配することはあっても、基本的には少人数で食料を分け合って生活していたので食料備蓄などないも同然、盗むとか略奪するとかはあり得なかっただろう。けんか、争いは人間のことだから当然で、山中の栗の大木を見つけて所有権争いもやっただろう。集落内の身分階層を個人的に壊すような行為もあったであろう。しかし、だからと言って、隣の集落と戦争し、それを全滅させ、根絶やしにするなどは絶無だったに違いない。そんな必要、近隣社会の変革の必要などは皆無だったに違いない。だからシステムとしての戦争は全く知らなかった。奴隷というシステムもなかった。奴隷に食わせる食料などなかったから。

4　現代に繋がる縄文時代の文物

縄文時代文化とは何であろうか？　代表的で世界的に突出しているものに土器がある。縄文時代の土器デザインは多岐多彩で技巧的なものも多く、芸術の域にまで達し、国宝は土偶5件、土器1件の6件ある。漆の利用の発明、工芸化、芸術化も特別である。木材の利用の仕方、木造建築物、木の自然な性質を利用する技、ほぞ、ほぞ穴を使った木組みの技などは現代にまで継承されている。

巨大な山、恵み豊かな水源、巨石、巨木、そして夏至、冬至などの季節の変わり目などの自然崇拝が縄文集落各地でかなり普遍的に行われていた。自然崇拝を崇拝に留まることなく自然との共生にまで昇華させたのが縄文人である。自然災害、天変地異に対し、最終的にはめげることなくフレキシブルに対応して、平衡を取り戻すこの精神構造は、縄文人から現代までつながった一つの特質である。人間による自然支配の思想、西洋文明のような人間中心主義は持たなかった。縄文人やアイヌに共通した自然との共生の考え方をずっと堅持してきた。哲学がないではないかとか、だから科学的ではないという声が聞こえそうだが、自然との共生は、仏教の天台本覚思想の『草木国土悉皆成仏』という言葉に表されているように日本文化の原理となった。そして、近代では西洋哲学も科学でも、縄文人が現代人に繋げてくれている平衡を取り戻すにやぶさかでない、フレキシブルな精神構造をもった自然との共生が非常に重要性を帯びてきている。

5　宗教観と宗教的儀礼

宗教的、精神的な縄文文化については、宮畑遺跡集落の家々をわざと火災させたシャーマンか長老のような宗教的雰囲気で縄文人を引きずった例もあるが、中空土偶の項でそっと土偶を遺体の傍らに埋納した縄文人の内面を著者が勝手に想像した死者の転生、再生を願う観念、そして出産、誕生は縄文時代最重要な死生観であったろう。今は近代のカーテンが薄く覆ってはいるが基層では連綿として繋がっている。先祖崇拝が主体的で、絶対的な存在を持たず、山岳、森林、海、湖沼までもが崇拝の対象となり得る独特の自然観、宗教観は、縄文時代に生まれた現代に繋がる宗教観である。

このような宗教観のもと、宗教的儀礼も同時に発生し、かなり制度化された。

土器が多量に作られるようになると、土器の埋納、土偶の埋納などの宗教儀礼が自然発生した。これはどこか特定の集団から始まったのではなく各地で似たような時期に発生している。縄文人の生活がある一定レベルに達したのだ。縄文集落では大小の区別なく祭祀が執り行われ、そのための特定の場所があった。集落の広場の中央に石棒が立っているシンプルで分かりやすい原初的な場所から、季節循環をも示す環状列石、入り口付き木柱列などの大掛かりな祭祀場所まで、祭祀は縄文時代からの伝統となった。また、埋納という宗教的儀礼は弥生時代の銅鐸、銅剣、銅矛の埋納にも繋がった風習で、ひいては王の権威の象徴である鏡の埋納（墳墓の中への埋納ではあるが）へと繋がった。現代では、「お焚き上げ」と変化しているが、目的は同じで捨てるには忍びないものを祈りとともに焼いて浄火とする風習である。

６　縄文人の適応力

弥生時代に中国の呉人、その後に越人、楚人の難民が流入してきても、この難民と縄文人の混血が自然な形で進んで水田稲作が受け入れられ、定着して九州弥生文化圏が形成されていった。縄文人たちは争わず、交易人の如く接し、同化していったのである。縄文人たちは自分の能力を超える事象現象には耐え、抗わず、最終的には受け入れて理解し、むしろ同化して自分たちに合うよう改良までしてしまうしたたかさを、天変地異への対応から学んでいた。その素質気風から、縄文時代晩期から弥生時代初めに何を話しているか分からない、顔つき、風体の異なる少なくない人数の中国人移民、難民たちが日本国土に入り込んだのを、気持ちが悪かっただろうが静観したのである。そして、彼らがキャンプを張り、そのうち定住して始めた水田稲作をケンカしないでむしろ興味深く見守ったのが縄文人であった。縄文人たちは朝鮮半島の日本海沿海部にも多数定住していて、頻度はともかく日本本土と交易していたことが分かっている。彼らは朝鮮人や入植していた中国人とも接触していた。朝鮮人はほとんど中国人に押さえつけられ中国の先進文化に感化させられていたが、縄文人たちは朝鮮人たちより自由に移動、交易していた。自由闊達にふるまう彼らは水田稲作技術をその地で習得していた可能性がある。日本は海で囲われた陸続きのない国土ではあるが、その閉鎖的国土内でも交易の盛んな縄文人であったし、壱岐、対馬、朝鮮南岸との交易も縄文時代から行ってきた、よその世界を厭わない交易を習慣とした人々で国際的先進的であった。縄文人たちは外からの力に屈して、外の制度体制を押し付けられ自分の拠って立つ基盤を見失うようなことはなく、常に、一旦咀嚼して自分のものとしてから採用した。

第3章　弥生時代

1　弥生時代早期（3000年前）

■菜畑遺跡（3000年前）

唐津湾奥の唐津市菜畑にある水田稲作が縄文時代晩期、弥生時代早期（約3000年前）に朝鮮半島から伝来した最初の遺跡である。

日本で最初に水田稲作を行った土地であり、水田跡、炭化米、石包丁が出土しており、田起こしには木製農機具である鍬や鋤を使用した。

この辺りが佐賀県の中でも末盧国勢力圏の中心部であろう。遺跡には展示館の末盧館が設置されている。末盧国は特に朝鮮半島との交流が密な国で水田

唐津市教育委員会所蔵

稲作だけでなく、支石墓など葬送文化が伝来した日本最初の国だった。支石墓とは、棺の上に巨石を据える形の墳墓で、棺には素掘りの土坑、木棺、石棺と違いがある。中国東北部から朝鮮半島に多いお墓の形式で、朝鮮半島での武具の磨製石器を副葬品とする習俗を伴って、九州へと伝わった葬送文化だ。北九州でも弥生時代前半に流行ったが、後半になると支石墓は甕棺墓に切り替わる。

　朝鮮半島からの渡来人が水田稲作を伝来した際にイノシシ（ぶた）の家畜としての飼育も伝来した可能性がある。菜畑遺跡からは稲作の祭祀に使われたと思われる非常に丁寧に磨かれた壺や、穴を開けられ棒を通されたイノシシ（ぶた）の顎骨が連なって出土している。畜産の始まりかも知れない。菜畑遺跡は渡来系弥生人の集落ということになるが、末盧館の説明は面白かった。「ここは、縄文人と渡来系弥生人の混血の人々が住んでおりました。何故そんなことが言えるの

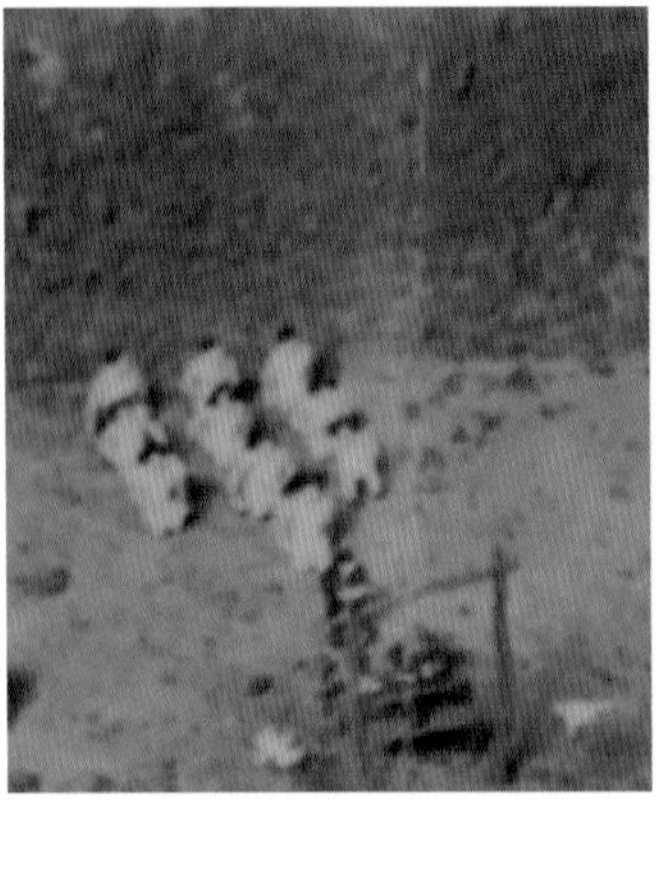

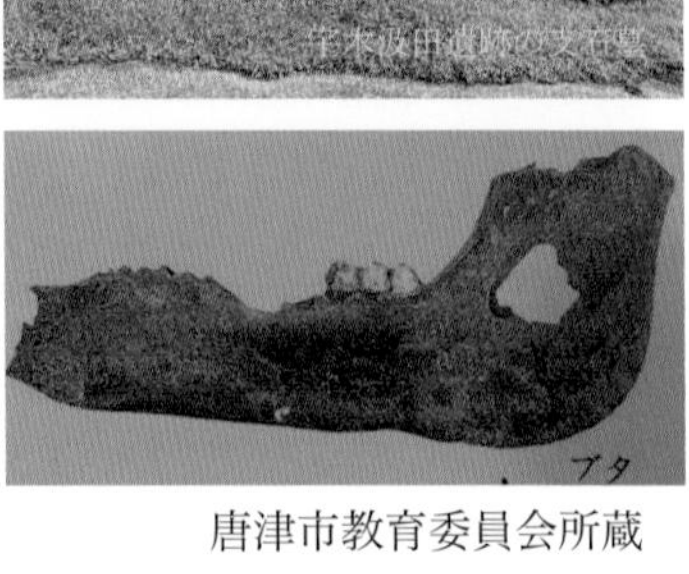

唐津市教育委員会所蔵

か？　との証拠は、水田に祈りを捧げるのに縄文典型の玉飾りと弥生典型の玉飾りを繋げて一つにして田に奉納した遺物が出土したからです」。渡来系弥生人が先進技術でもって、縄文人を駆逐したわけではなかった。西北九州である末蘆国勢力圏から出土した弥生時代人骨は、短い顔で彫りが深い。平坦な顔立ちという特徴を持つ弥生人より縄文系の色が濃いという違いがわかっている。稲作が一様に始まったのではないことを示しているのである。右側が西北九州地域（呼子町大友遺跡）出土の弥生人骨で、左側が北部九州地域（神埼町志波屋六本松遺跡）出土の弥生人骨である。頭蓋骨にその特徴が完全に現れている。西北九州では混血が進んでいたということもあるし、朝鮮半島南部沿海に元々住んでいた縄文人が水田稲作技術を身につけて西北九州地方へ入植した、または、招かれたのかも知れない。

末蘆国は『魏志倭人伝』によれば、日本本土で最初に上陸する国で「人々は山海に沿って居住する。好んで魚やア

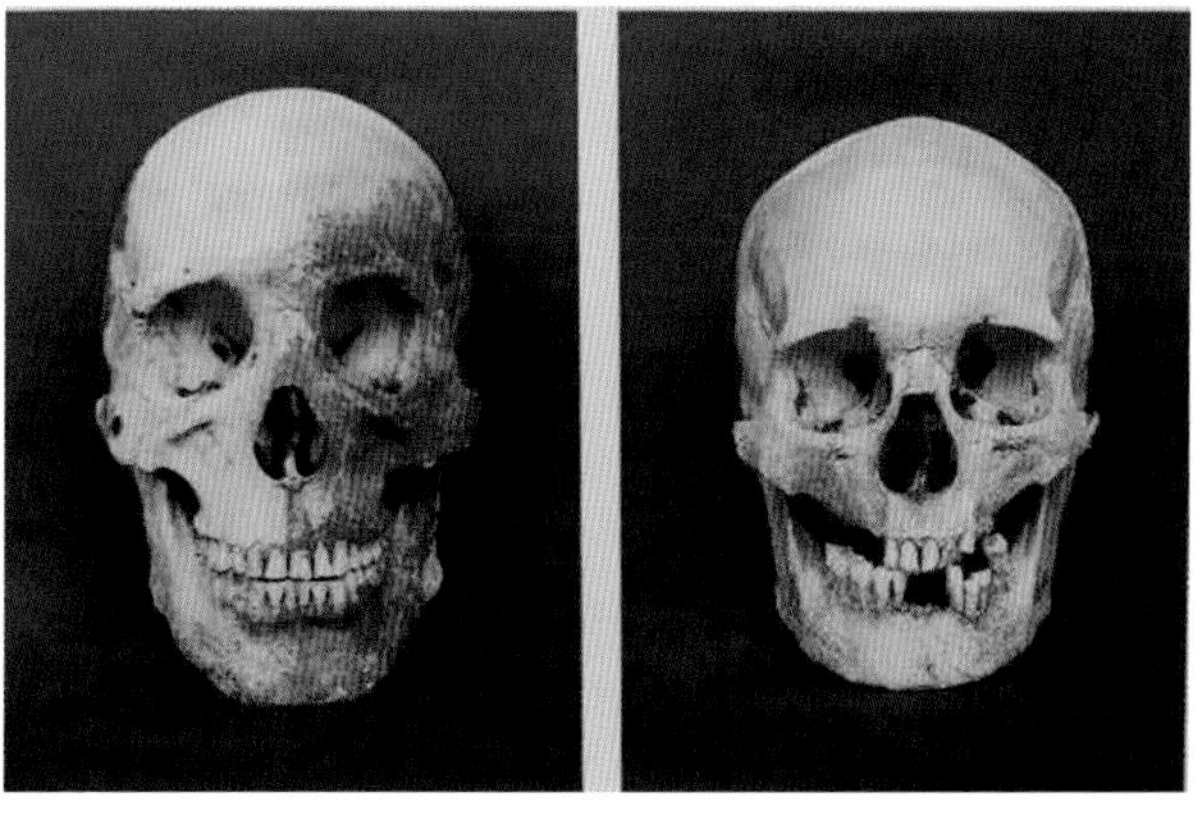

ワビをとらえ、水は深くても浅くてもみな潜って取る」とあるが、末盧国の人々は海洋民で漁撈が得意であった。中世に松浦党という海洋武士団が水軍として名を馳せたのはその伝統であろう。魏使は上陸後、陸行に移り、松浦川沿いに唐津街道を佐賀市方向に進んで一大卒のいる伊都国へ向かったと推定されるので、著者も唐津街道を小城市へとバイクを走らせた。片側は山、反対側は松浦川という当時は曲がる道のない1本道だった。玄界灘の各地にある多数の津は見せたくなかったのだろう。北九州のほとんどの国は山々の多い地勢、地形で、玄界灘の津に連接した小平野に建国して領土を広げることなどないままだった。稲作は効率よく作業するには部落民が協力しなければならないが、そのためには、リーダーが号令をかけなければならない。朝鮮半島から色々なものを導入するにもリーダーが采配を振るっただろう。朝鮮半島から、沿岸部の倭人居留地の国から、同じ倭人同士の言葉も交えながら、色々な技術、新しいものが少しずつこの地に導入され、大きな、急激な変化に見舞われなかったのか、この地域は早くから自然に「クニ」になっていったようだ。大きな社会変動もなく末盧国が成立したようだ。王墓らしき墳丘墓はこの菜畑遺跡近くの桜馬場遺跡から見つかっている。稲作拡大期にありがちな水、土地争いに末盧国が活躍した形跡はなく、そのまま古墳時代へと入っていった。

記：大友および志波屋六本松弥生人骨は、長崎大学　大学院医歯薬学総合研究科肉眼解剖学分野所蔵

■板付遺跡（3000年前）

板付遺跡は、縄文時代晩期（約3220〜2350年前）〜弥生時代後期（約2000〜1750年前）へ続く福岡平野の博多区板付の標高7〜9m程度の段丘上の遺跡である。ここは位置的に、数百年後の奴国の地域である。

弥生時代早期（約3000年前）環濠集落が営まれ、近くの台地上に竪穴住居、掘立柱建物が出土している。1978（昭和53）年に畔のある灌漑水田稲作が行われていた集落であることが判明した日本最初の村である。環濠の内外に食料貯蔵穴が多数掘り込まれている。段丘上には水路が引き込まれ、水田が開かれて、農村として稲作作業を始めた日本で最初の村と言われている。弥生時代前期末（約2400年前）には北九州有数の集落に

発展し、首長が台頭してきたことを示す青銅器を副葬した甕棺墓が発掘された。板付遺跡は集落、墓地、水田を村として一体的に把握できる遺跡なのである。しかも、水田稲作は表層部分が弥生時代初めの水田、その下層に縄文時代晩期の水田が重なり、縄文時代に水田稲作が行われていたことが分かった最初の遺跡である。編年式土器分類で仕分けられる縄文時代晩期の夜臼式《ゆうすしき》土器《どき》及び弥生時代板付式土器が同一地点から見つかったという、当時、画期的な大発見だった。

下の写真の上段が夜臼式土器、下段が板付式土器である。これらは、製法が異なるようであるが、これは収穫後のお米を煮沸するために使われた土器で、口縁部に突帯文がある。この突帯文土器は進化または変化しながら稲作の東漸のように東方へ広がっていった。

板付き遺跡弥生館

まず弥生時代の水田跡が板付式土器とともに発見され、弥生人の足跡まで見つかり、更にその下層から夜臼式土器を伴った古い水田が出て、古い炭化米粒、稲穂を刈り取った石包丁も出土したことから、縄文時代の水田が先でその真上に弥生の水田が重なっていたというわけだ。弥生時代早期の水田は構造的に今日の水田と変わりなく時代が進むにつれ規模が拡大し大がかりになっていった。

水田稲作の技術は、大陸から一部渡来人が日本列島に持ち込んだと言われているが、朝鮮半島南部には、朝鮮人、中国から古い時代に浸透してきた中国系朝鮮人、そして縄文人が住んでいたことから、渡来人とは人種的に何人なのかは分からない。当然、色々に混血した人々だ。朝鮮半島南部にいた縄文語を話す人々が水田稲作を教えたということもあったと考えて不思議はない。日本列島には縄文時代前期から中頃（約６０００～４０００年前）に焼き畑の熱帯ジャポニカが入っていたという研究もある。稲作は北九州から、関東の利根川方面、南九州まで約７００年掛けて拡散した。

2　弥生時代前期（2800～2500年前）

古代丹後国

■途中ヶ丘遺跡（2500年前）

京丹後市峰山町の竹野川中流域にある環濠集落。弥生時代前期（約2500年前）から丹後半島の拠点集落で、土器、石器、木器、鋳造鉄斧や鍛冶滓《かじさい》など多数の遺物が環濠内から出土した、古代丹後国へ繋がる遺跡である。近くの丘陵上に環濠を持つ高地性集落の扇谷遺跡がある。途中が丘集落と相俟って防御性が高い。

ここ丹後半島では、縄文時代早期（約8000年前）の裏陰遺跡、前期（約6000年前）の松ヶ崎遺跡、前期から晩期（約3000年前）まで続いた平遺跡、後期（約4000年前）の浜詰遺跡が発掘されている。石器、下の写真のような縄文土器などの遺物が丹後半島海浜部から出土している。貝塚から検出された骨類は、魚類ではハタ、タイ、ヒラメ、ボラ、フグ、

京丹後市教育委員会所蔵

スズキ、マグロ、イルカ、クジラなど多彩で、この土地の人々はもともと海民であったことを示している。

　当時は竹野川の河口部に潟湖があった。竹野川流域部は縄文時代から弥生時代へと続く漁撈、交易の港町的な海民の住む土地だった。上流へ遡行、舟運しやすい竹野川を上流へ上り、野田川へ乗り換えると阿蘇海の潟湖へ出るという地の利があった。弥生時代に入ると竹野《たかの》遺跡が最初の米造りを始め、竹野川を遡るように弥生の村が広がっていく。途中ヶ丘集落は竹野川中流域の微高地にあって、弥生時代前期、中期、後期を通して営まれた丹後半島唯一の拠点集落だった。稲作は竹野遺跡経由すぐに、遠賀川式土器、石包丁、陶塤《とうけん》という収穫のお祭りに吹かれた中国の土笛とともに途中が丘集落に伝播した。陶塤は、竹野、途中が丘、扇谷遺跡から5個出土しているが、これが東限となっている。北部九州から山陰沿岸にかけては約100個見つかっている。海民である丹後の人々は大陸や朝鮮半島、北九州との交易により、早くから先進文化を入手していた。稲作は自ら北九州の技術を導入したのである。

　著者は、丹後半島の地の利を自分の目で、バイクを走らせて確かめたかった。舟運しやすい竹野川を上流へ上り、野田川へ乗り換えると阿蘇

海の潟湖へ出るという地の利である。

　著者は日本海沿岸の間人（「たいざ」と読む）海岸の「道の駅てんきてんき丹後」から国道178号、国道482号を走り継いで阿蘇海までの遡行をバイク走行で確かめた。

余談になるが、間人は聖徳太子が生母の穴穂部間人（「はしうど」又は「はしひと」）皇后と蘇我物部戦争を避けた避難先である。戦後、穴穂部間人皇后は

竹野神社

大宮売神社

竹野神社

京丹後市教育委員会所蔵

京丹後市教育委員会所蔵

飛鳥の斑鳩の宮へ帰る時、里人の手厚いもてなしに感謝して、「大浜の荒磯風に慣れし身の　またの日嗣の光見るかな　大浜の里に昔をとどめてし　間人村と世々につたえん」と詠まれた。皇后から戴いた名をそのまま地名に使うことは恐れ多いとし、この大浜の里を「ご退座」されたことにちなんで「はしうど」ではなく「たいざ」と読み伝えることになったという伝承である。余談の余談だが、ここは高級松葉ガニが間人蟹ブランドとなっていて生きていると1匹10万円近い。

バイク走行で丹後国の伝統を物語るかのような神社を二つ見つけた。

竹野神社は祭神天照大神、境内に丹波大豪族の娘の竹野媛（第9代開花天皇のお后）を祭り菊の紋章を持つ。竹野媛の名前は『古事記』にも『日本書紀』にも記載されている。日本海側で2番目の規模（全長190m）を持つ古墳時代中期（5世紀）築造の前方後円墳が神社に接する。もう一つの神社は、大宮売《おおみやめ》神社という名前である。ここに

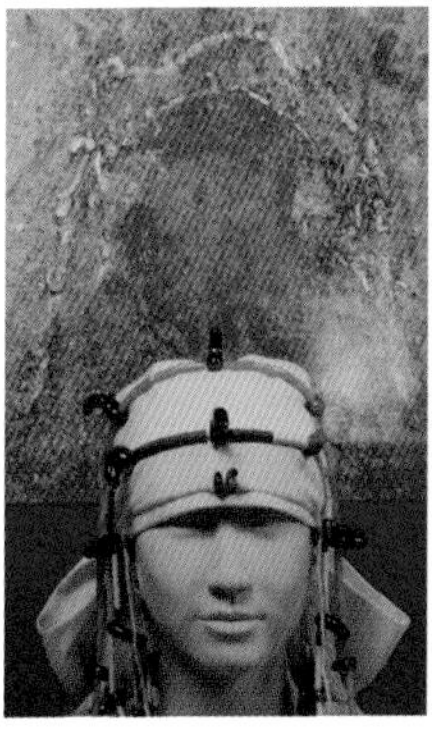

京丹後市教育委員会所蔵

は弥生時代前期（約2400年前）から人々が住み、境内出土の遺物から稲作の祭礼の場だったと推定されている。祭神大宮売神は宮中八神の一柱、造酒司《みきのつかさ》と伝承されている。著者は、ここ丹後半島に弥生時代から出雲の対抗勢力で、ヤマト王権成立に協力した勢力、古代丹後王国があったとの歴史を確認したいと思っていた。弥生時代前期末（約2400年前）の途中ヶ丘集落、扇谷遺跡から鋳造鉄斧、ガラス塊が出土、交易で弥生時代中期（約2300年前）には大規模な水晶玉造りが始まり、加工した水晶玉などを交易の交換材として朝鮮半島南部の鉄素材を入手し、鉄製品を造る技術を獲得した。弥生時代中期後半の遺跡から多量の鉄製品が出土している。弥生時代中期後半に限って、丹後地方には方形貼石墓が築造される。王権の発生である。出雲では四隅突出型墳丘墓が発生し始めており、予想通り、丹後、出雲は何かにつけ対抗したようだ。

　赤坂今井墳墓は、方形墳丘墓と呼ばれる形式の墳墓で、京丹後市峰山町赤坂にある。弥生時代後期後半（約

京丹後市教育委員会所蔵

１８００年前）、この時期、全国最大級の墳墓である。世界で2例目となった漢青（ハンブルー）の青色顔料が含まれるガラス管玉出土したことから、古代中国と直接交流、交易をしていたと推定される。副葬品の中にガラス小玉、管玉、勾玉で飾ったヘアバンドのような頭飾りが出土しており、古代丹後国が成立、その王墓と判断できる。他地域の弥生時代王墓とほぼ同時期に丹後でも邪馬台国以前に地域国家になっていた。これがヤマト王権成立の協力勢力として基盤だ。古代丹後王国は飛鳥時代に丹波国（「タニワ」と読む）となり、但馬、播磨、摂津、山城、近江、若狭と接した広大な国になった。

ヤマト王権の象徴、前方後円墳が丹波国に非常に多く築造された。網野銚子山古墳などは古墳時代前期（約１７００年前）築造、日本海側最大（全長１９８ｍ）だ。大田南古墳からは青龍3年（紀元２３５年）銘の方格規矩四神鏡、他に出土例のない画文帯環状乳神獣鏡が出土しており、丹後は随分早くからヤマト王権に組み込まれた。『日本書紀』には天皇家と丹後王国との婚姻に関する記事が竹野媛（第9代開花天皇のお后）を先頭に多く記載されていてヤマト王権成立期から第12代景光天皇頃までの密接な関係を示している。しかしながら、大和朝廷が中央集権体制を確立するために取った７１３（和銅6）年の分国政策を受け入れざるを得ず、その5郡（兵庫県、日本海側）に絞り込まれて、丹後国になった。この前年から越後国、備前国、日向国が分国されていたのだ。

古代の丹後王国は丹後国となり消滅した。

3　弥生時代中期（2400～2150年前）

■吉武高木遺跡（2400年前）

福岡平野の西方、野方、金武地区にある遺跡で、飯盛山を含む山塊から流れ出ている室見川の左岸にある遺跡である。早良平野を望む恵まれた土地柄の扇状地に立地する非常に景色の良い地形だ。約2万年前の旧石器時代からずっと人が住んで現代まで続いているところである。弥生時代前期末～中期初頭（約2400～2300年前）の遺跡で甕棺墓8基と木簡墓4基が発見されている。お墓の甕棺墓とは巨大な土器に大人の遺体を入れて埋葬する墓制で、なぜか本州には伝播せず、弥生時代後半の北部九州だけのお墓だ。縄文時代、子供の遺体を土器に入れて埋葬した伝統に習ったものだ。糸島地方の玄界灘の入り江、新町で朝鮮半島から導入したばかりの支石墓群が発掘され、最も古い甕棺墓が発見された。甕棺の話にそれたが、それた

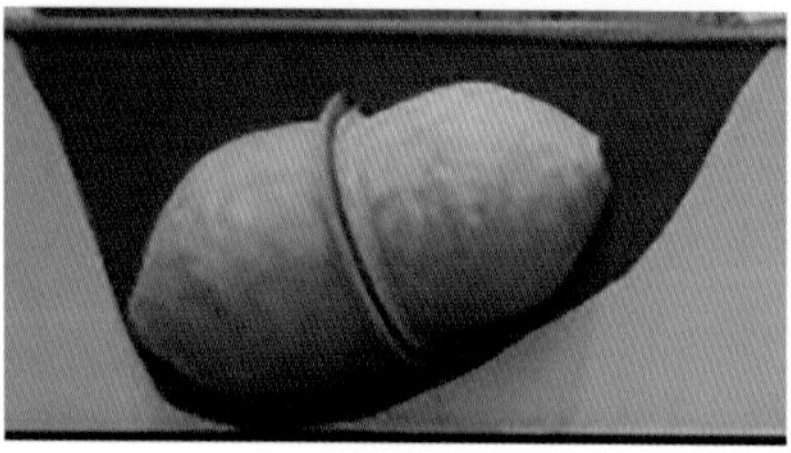

甕棺墓

ついでに話を続けると、新町支石墓群では分析結果、見つかった人骨は低身長、抜歯痕がある縄文人系で渡来人ではなかったことがわかり、石鏃による戦死、首狩りによる戦死の人骨が見つかっている。

　話をこの吉武高木遺跡の甕棺墓8基と木棺墓4基にもどして、この集団墓地のようであって、そうでないこの墓地をよく見てみよう。弥生人たちの集団墓に色分けが始まり、特定の場所に大型の木棺墓、甕棺墓を集めていることから身分が階層化されてきたと判断される。多くの墓が集積した甕棺ロードには土壙墓、木棺墓、甕棺墓が道のように連なって、集団墓、特定集団墓、特定個人墓（白線で囲った3号木棺墓）は王墓と識別された。鉄製の副葬品も多数出土しており、特に第3号木棺墓は朝鮮半島製の多鈕細文《たちゅうさいもん》鏡《きょう》、青銅器武具の銅矛、銅戈《どうか》（突き刺すと同時に切る機能を持った青銅器の武具）銅剣と硬玉製勾玉、碧玉製管玉類が副葬品として出土している。鏡、剣、玉のいわゆる『三種の神器』出土の最古の例にあたることから、第3号木

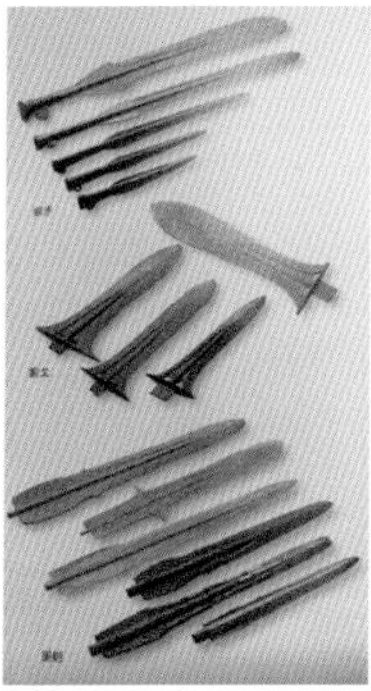
銅矛・銅戈・銅剣

3号木棺墓

素環頭大刀

棺墓はこの墓域の中心人物の墓で、弥生時代の国の成立、朝鮮半島との交流を考える上で重要な国内最古の王墓、日本で最初にできた国、早良王国と考えられている。この身分階層は約２００年間で成立したようだ。「クニ」ができるということはどういうことか？ 大人数の社会集団がいて、統治機構があるということだ。経験豊かな年長者が若い人たちの面倒を見つつチームワーク指導をしているのとはわけが違う。一つの社会集団のお墓の変遷を階層別に、２００年にわたって丹念に、考古学的に掘り起こして比較分析して初めて分かる社会変動の痕跡が、「クニ」ができていたのだとの判断に結び付いたのだ。日本で最初にできた国、早良王国の発見だけに特に慎重に一つ一つのお墓を検証したのだろう。

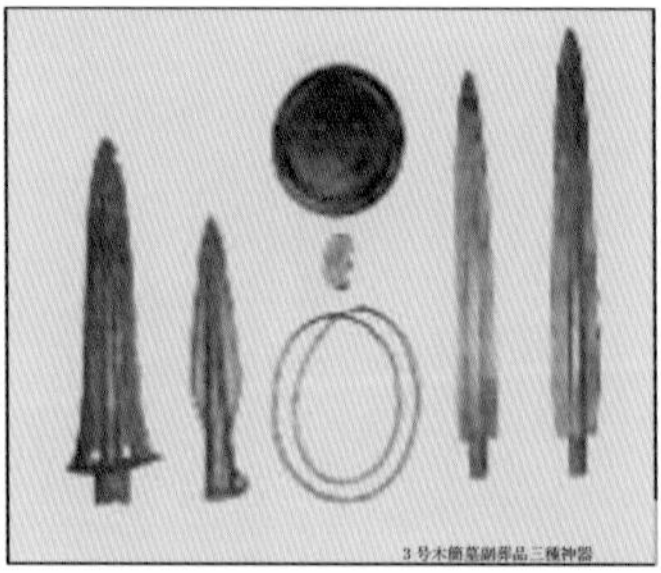

３号木棺墓副葬品三種神器

早良王国は、弥生時代中期後半（約２２００～２１００年前）には大きな柱を使った当時最大の建物である王の館を構築した。ここ高木地区の東北側に吉武樋渡遺跡が前方後円墳の下から発見され、厚葬墳丘墓が発掘された。早良王国の王統を引き継ぐとみられる王の墓である。甕棺32基、うち6基に副葬品を含む墳墓が含まれていた。副葬品は青銅製武器から鉄製武器に代わっており、漢王朝とのつながりを想起させる素環頭刀子、素環頭大刀、重圏文星雲鏡が出土した。日本で最初にできた国、早良王国は弥生時代後期前半、奴国が最盛期を迎え後漢から『漢委奴国王印』を賜った頃に衰退期を迎えている。ここから北方、伊都国方向にも山があり、その西方は大きくて深い脊振山塊となっている地勢で、早良王国は小規模のまま大きな国に成長できなかった。この頃から、北九州における強国は領土拡張、弱小国は環濠で防御を固めるという戦国乱世の時代へと入って行く。早良王国は恐らく、北九州の強国伊都国か奴国に滅ぼされたのだろう。北九州戦国乱世の主たる登場国は、福岡県内の「クニ」が主役だが、佐賀県の吉野ヶ里は防御的ではあるけれども強国のひとつだ。当時の「クニ」の名をすべて挙げることはできないので、遺跡名を挙げてみる。長崎県の１一支国原の辻遺跡（環濠集落）、佐賀県の１末盧国菜畑遺跡、２吉野ヶ里遺跡（環濠集落）、福岡県内の１伊都国三雲南小路・平原遺跡、２奴国須玖岡本遺跡、３田熊石畑遺跡（環濠集落）、４不弥国か？　立岩堀田遺跡、５平塚川添遺跡（環濠集落）が、著者の考える北九州戦国乱世の国々である。弥生時代を定義するにすべての方々が集団間の争い、戦争を加えている。

　石川日出志著『農耕社会の成立』では、「５　弥生時代を定義

大型掘立柱建物

する」の項で弥生時代になって現れた代表的な事象を列記し、「時期やひろがりを確認すると次のようになる。①灌漑稲作、②環濠集落、③集団間の争い、④金属器、⑤社会的階層の顕在化、⑥政治社会への傾斜」と述べている。

藤尾慎一郎著『弥生時代の歴史』（講談社）では、「農耕社会の成立　水田稲作が始まってから100年ほどたった玄界灘沿岸地域には、環濠集落や有力者集団が出現し、副葬制の開始、世襲制の始まりと身分の固定化、武器や戦死傷者の出現から想定される戦いの始まりなど、社会に質的変化が起きていたことがわかる。これらの考古学的事実をもって、私たちは水田稲作の開始にともなって前9世紀後半には、農耕社会が成立したと理解している。」と述べている。

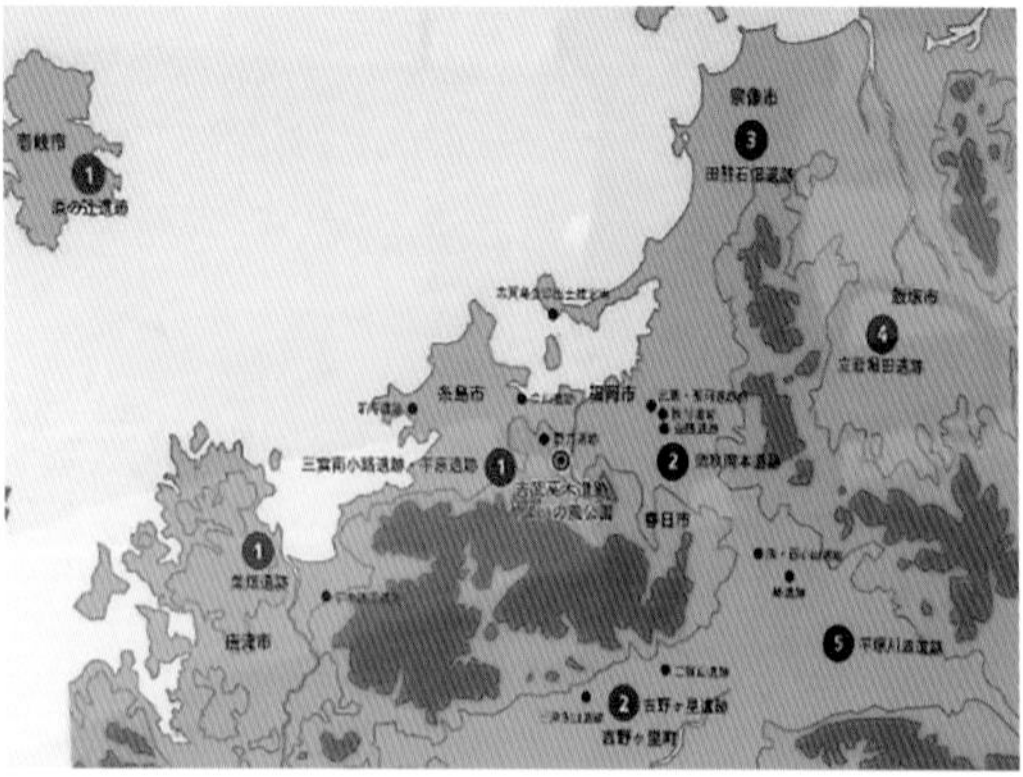

残念なことに、著者が使っている「社会変動」という言葉で言い表しているつもりの、縄文時代の長老と集落構成員との人間関係から、弥生時代の首長の号令と臣民の行動のような社会契約的な人間関係への質的変化について具体的には述べてくれていないようだ。著者の言う社会変動は、早良王国では約200年掛かったと考古学的成

果が教えてくれている。出雲の加茂岩倉遺跡や荒神谷遺跡では銅鐸・銅剣の大量埋納を首長が決断して、断層的に社会変動を起こしたのではないかと著者は考えている。

■土井ヶ浜遺跡（２３００年前）

下関市豊北町の日本海響灘に面した海岸砂丘上にある埋葬遺跡で、砂に含まれる貝粉の成分によって保存状態がよい弥生人骨が約３００体、その他副葬品とともに出土した国指定史跡である。弥生時代中期（約２３００年前）、大陸系の人々が朝鮮半島の先端から対馬、壱岐を渡り、渡海後は日本列島の陸地沿いの湾岸流を利用し流れに乗って定住地を探した。渡来した大陸系の人々が定住した日本海沿いの遺跡では土井ヶ浜遺跡の他に青谷上寺地遺跡がある。埋葬の形態は、遺体を砂丘の穴に入れて砂をかけただけの土壙墓が大半であるが、バラバラの頭蓋骨を集めた集骨葬もある。また、複数の遺体の頭を

東に、身体を東西に置いて、顔は海の方向である西側に向けた埋葬があり、海の向こうの自分たちの故地を見るようにしたと想像させる。ここには土井ヶ浜遺跡・人類学ミュージアムが設置され、遺跡内で埋葬密度が高い約80体の人骨が見つかった所にはドームが設けられた。ここでも人骨は皆一様に顔を西に向けている。渡来前の故郷の方向である。彼ら渡来人たちがこの地の縄文人に稲作を伝来させたかは分からないが、水田耕作技術を持ち込んで食料生産し自活した。土井ヶ浜から内陸方向に入った片瀬遺跡で弥生時代中期（約2200〜2300年前）の水田跡と柱穴跡が発見された。土井ヶ浜弥

生人の水田と建物である。縄文人の定住の様式は、集団密着型、集団作業型ではなく、緩やかな連帯型だったので、大陸系渡来人のような集団作業には向いていなかったのであろうか？　この地域では直接的に水田稲作が伝播しなかったようである。

土井ヶ浜遺跡出土の人骨に特異な例がある。
20歳ぐらいの女性の人骨で、両ひざの間に妊娠８カ月頃の赤ちゃんの骨を挟み込んだ埋葬遺体だ。出産時の事故で亡くなったと考えられている。女性の遺体は足首を切断されており、霊が迷い出てこないようにとの「おまじない」に足首部分に石が置かれていた。もう一つの特異例は、胸から腰にかけて15本の石鏃やサメの歯で作った鏃《やじり》を至近距離から打ち込まれた戦士と思われる人骨である。この人骨は体格の良い成人男子で右腕にゴウホラ貝輪がはめられていることから首長で一人犠牲となった英雄かも知れない。ゴウホラ貝輪は磨くと艶やかに白く輝くこと、また巻貝の渦巻きの形が紋様として尊重され

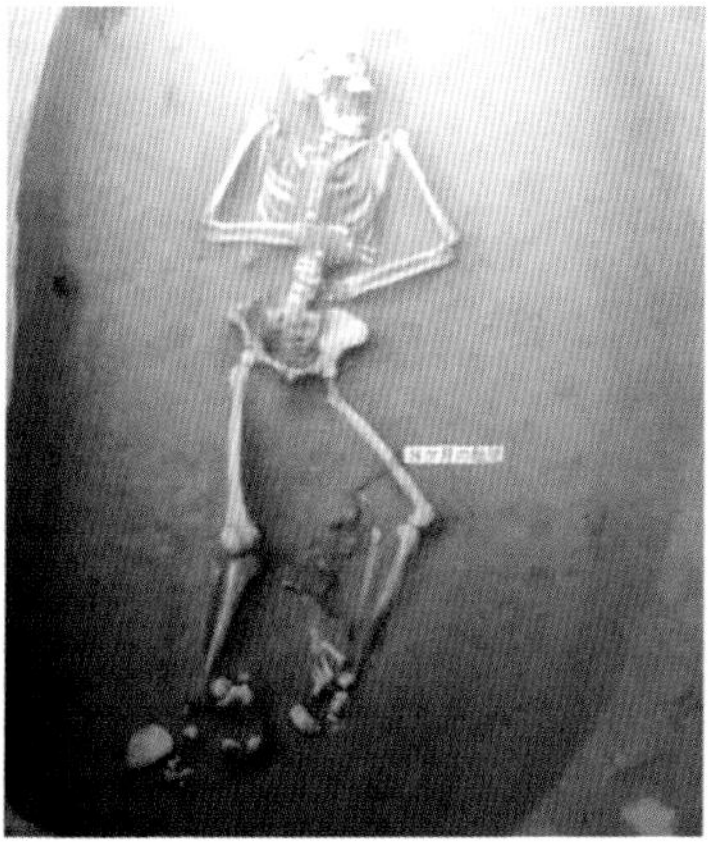

たことから弥生人の威信財になった。南海産の巻貝であるゴウホラ貝やイモガイを装身具とした加工品は産地から日本各地へと交易された。その道は貝の道と呼ばれるほどであった。土井ヶ浜は沖縄、奄美など貝を装身具に加工する貝殻の交易中継点となった。

土井ヶ浜の弥生人は、人骨分析結果、面長で鼻が低く身長が高いという特徴があきらかになった。弥生時代になってから大陸から日本列島へ渡来し、縄文人と混血したというほど交じり合わなかったのである。

土井ヶ浜弥生人、北部九州・山口の弥生人は鼻が低くて彫りは浅く、身長の高い人たちだった。

縄文人は、沖縄で発見された港川人（旧石器時代人）と似た部分はあるものの全く別種で、頭は短く鼻は高く、低い身長という身体的特徴と際立った対照を示した（次頁右上の写真は旧石器時代人で、同左上の写真は後期縄文人である）。後期縄文人は身長は低いが頑丈になり、彫りの深い顔つきになった。

九州での縄文人と大陸系の人々との混じり具合は北部、西部で様相を異にするようで、特に西北九州では完全に混血していった。西

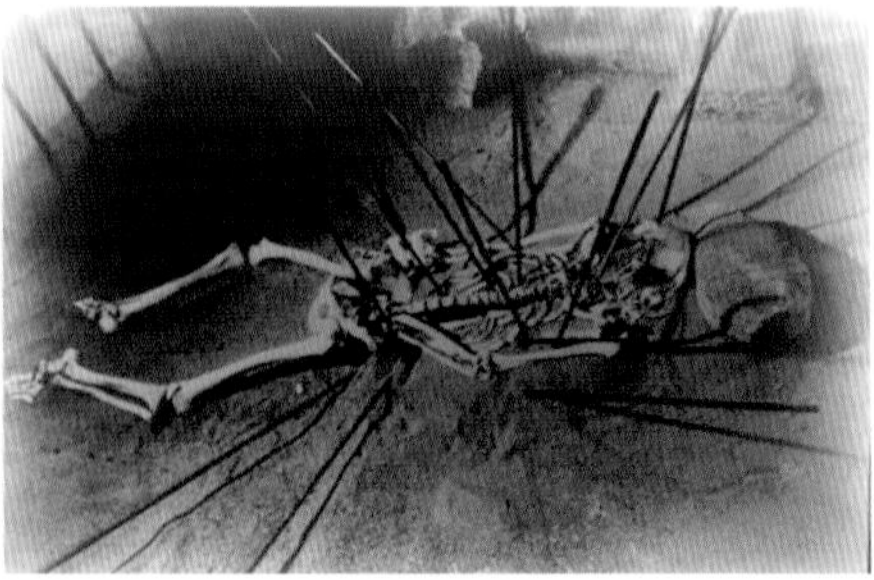

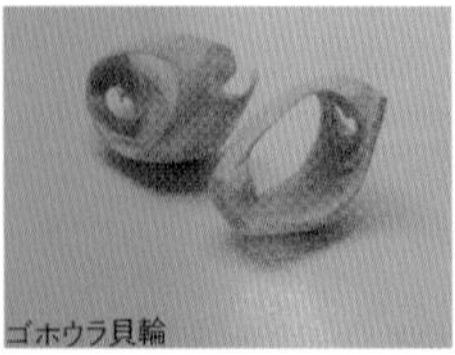

ゴホウラ貝輪

北九州の弥生人は鼻高く、彫り深く、身長は低い後期縄文人タイプである。菜畑遺跡で聴いた説明と合致し、菜畑では縄文人と渡来人が混血していたと裏付けられたのである。この混血した縄文語を話す人々も稲作を伝播していったのだろう。北部九州・山口の弥生人は渡来人的身体特徴を持つ人々であるが、ＤＮＡ分析で縄文人との混血が証明されている。なお、土井ヶ浜弥生人は、２５００年前の中国山東省を故地とする人々だという遺伝子工学研究が発表されている。別の研究ではその当時の中国山東省の人骨を調査し、土井ヶ浜弥生人は同じ身体的特徴を持つことが判明している。

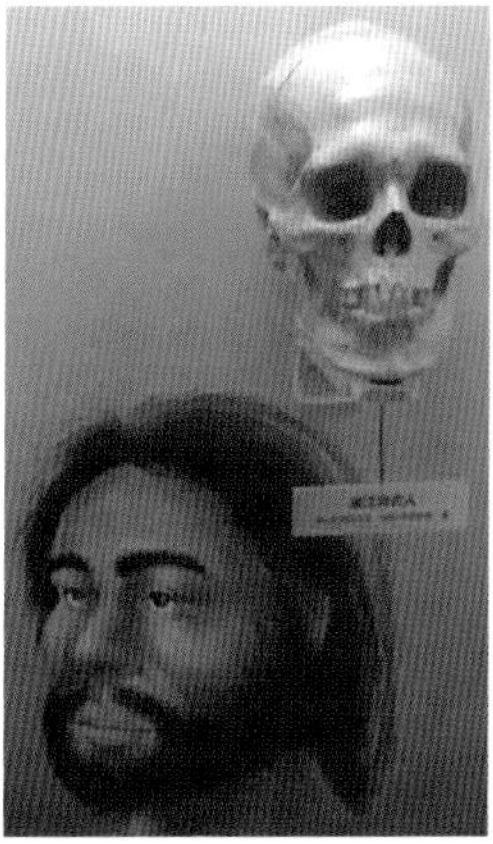

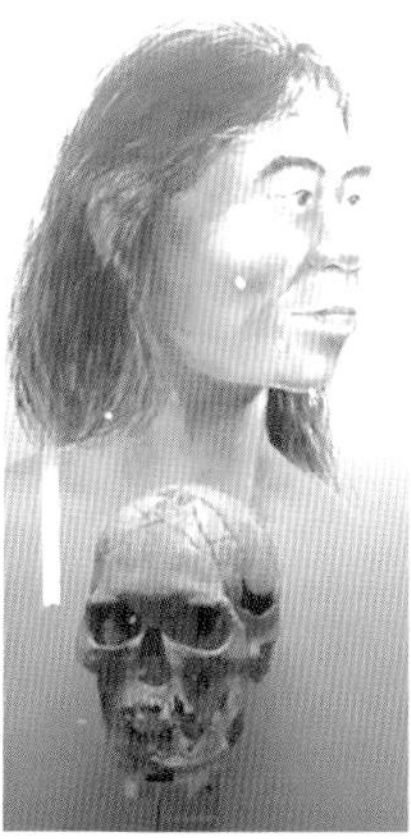

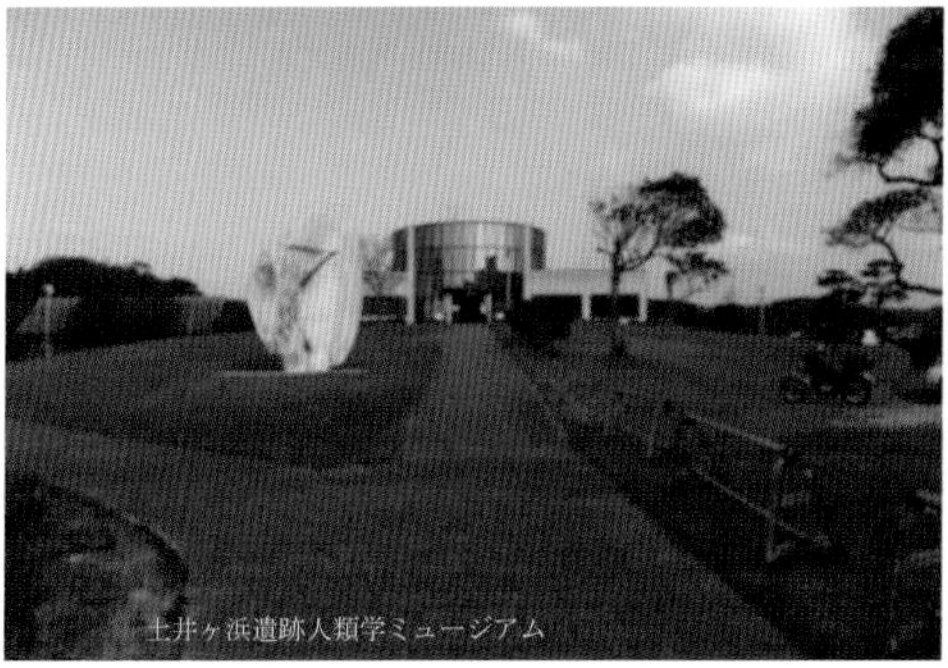

土井ヶ浜遺跡人類学ミュージアム

■垂柳水田遺跡（2200年前）

青森県田舎館村にある灌漑水田稲作の遺跡であることは、「序章　2　バイクツーリング（初めての遺跡巡り）」で述べた。弥生時代中期前半（約2200年前）と早い時期に、もっと稲作に適した気候の土地に先駆けた遺跡である。こんな北の大地に2200年前の水田があったのである。田舎館村は田んぼアートで有名な村で、黒米、赤米、現代の米などをデザインした図柄通りに植え付けして、図柄通りに色分けして成長した田んぼの姿を展示している。そのすぐ脇に垂柳水田遺跡が見事な展示方法で2200年前の水田、あぜ道を保存していてくれている。2200年前に稲作を試みる先覚者集団がこの青森にいたのだ。水田では先覚者集団の足跡が検出されている。また、炭化米も検出され、炭化米の遺伝子に最も近い現存する古代米は「赤もろ」と分析されている（「稲作の伝播、日本海ルート説」〈佐原真氏〉）。垂柳遺跡の水田跡は4000㎡に及び、畦畔で整然と区分けされ、水路が設けられている。「弥生前期の土器である遠賀川式土器を伴って波及した。日本海側の島根、鳥取、京都、石川、新潟、山形、秋田、青森の遺跡からは遠賀川式土器やこれに類似する系列の土器が出土している。これにより弥生時代中期に稲作が東北北部にも始まっていた」と論証されている。

残念ながら、数度にわたる火山噴火により水田稲作を放棄してしまった。それは基本土層と遺構・遺物を丁寧に層別して検出して解明されている。縄文時代に2度噴火した十和田火山爆

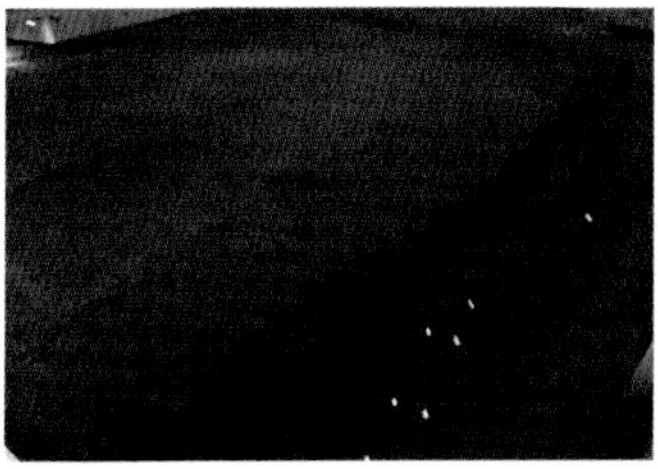

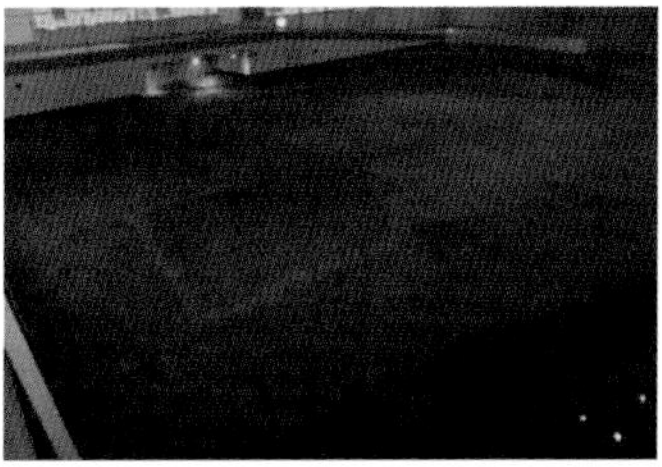

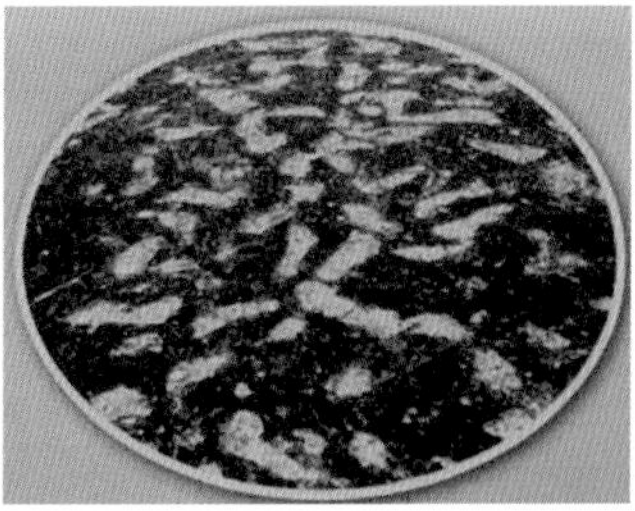

提供元：田舎館村教育委員会

発によって、弥生時代に、水路を造り火山灰に覆われ、復旧して水田を造り、また火山灰に覆われて破棄された水田である。ここより少し早い砂沢水田遺跡（弘前市）があるが、ここも放棄されその後の長い断絶に入る。縄文時代に戻ってしまった、あるいは交易によりコメは入手し続けつつ、基本の盛業は縄文の狩猟、採集、漁労に戻ったのかも知れない。縄文時代のやり方で食料獲得できることを知っている人たちは稲作にそれほど執着しなかっただろう。奥東北地方は、昭和の時代の半ばまで縄文時代のような雰囲気を残していたが、垂柳水田遺跡の歴史を聞くとなるほどと思う。

■唐古・鍵遺跡（２３００～２２００～１５００年前）

奈良県田原本町の弥生時代有数の大型環濠集落で近畿地方の中核集落である。国の史跡に指定されている。弥生時代中期初頭（約２３００年前）集落があちこちに立ち上がり始めた。それら小集落は１００年後の中期中葉（約２２００年前）に大環濠で一集落に纏め上げられた。個別の侵略を防御するため纏まったのだが、烏合の衆では大環濠で一つに纏まるのは無理だから、それなりのリーダーがいたはずである。環濠集落は弥生時代早期から北九州で始まった外敵侵入を阻止する防御的な形態で西から東へと広まってきた集落だ。この遺跡は、弥生時代中期からの激動の中を古墳時代後期（約１５００年前）まで、約８００年間も存続して集落は消滅したが、地図上、邪馬台国、ヤマト王権の間近にあり、その立ち上がりから活動期に大いに関係しあったはずである。古墳時代後期には、遺跡中央に前方後円墳が作られ墓域となった。

この遺跡の立地は初瀬川と寺川に挟まれた沖積地の平野地形で、唐古池があり、そこに中国風楼閣を復元している。これは絵画土器の破片に描かれていた楼閣の絵に基づいている。復元した楼閣と絵画土器の破片の絵をぼんやりと見比べてふと思った。本物を見た

田原本町教育委員会所蔵

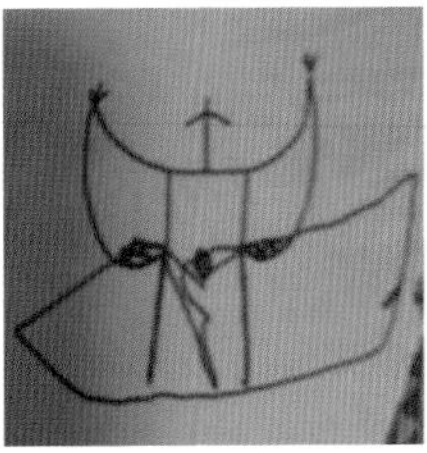

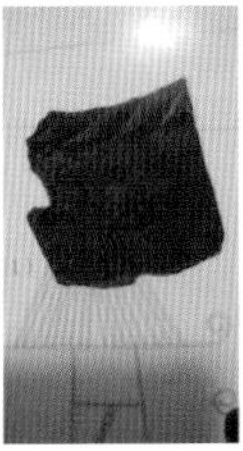

田原本町教育委員会所蔵

ことがない人には絵画土器片の絵は描けない、本物を見たはずであると。また、鳥装のシャーマンの絵に比べ、楼閣の絵は数倍上手である。残念ながら、楼閣の柱穴跡が発見されているわけではないので、復元した楼閣が実際にあったかどうかは定かでない。しかし、著者は、楼閣が実在したか、または、本物を見たことがある中国人が絵画土器に楼閣を描いたかのどちらかだと思う。唐古・鍵集落に中国人技術者がいたのである。鳥装のシャーマンを描いた絵画土器片も出土した。これは、絵は稚拙であるが、シャーマンが実在したことに間違いない。遺跡の南に青銅器鋳造の工房区あり、多量の鋳型などの青銅器鋳造関連遺物が出土した。多くの銅鐸、銅鏃が鋳造され、ここ唐古・鍵集落が最盛期を迎えた紀元前2世紀頃に銅鐸は大型化し見せる銅鐸として近畿圏に特有のものとなって広まった。大型銅鐸の分布圏は近畿一帯が中心で、遠くて濃尾平野、山陰、四国東半、琵琶湖東岸である。日本最

田原本町教育委員会所蔵

大の銅鐸は、高さ１４４㎝、重量45㎏、琵琶湖東岸の野洲大岩山遺跡出土品で重要文化財指定されている。唐古・鍵集落は青銅器生産の近畿圏内中心地のひとつで特に大型銅鐸を広めるという影響力を見せつけた。発掘された木簡墓から見つかった人骨が大陸系成人男子ということは、青銅器生産の先進国の人でもあり、そのために呼び寄せた中国人技術者かも知れない。大型建物跡が２棟出土しており、首長が既にいたと思われる。吉備から運ばれた壺が出土したことから、吉備国としてもここは枢要な地域だったことを裏付けている。ヒスイの勾玉やニワトリの頭をかたどった土製品なども出土した。

　集落付近の川跡に縄文人の生活の痕跡がある。この集落は縄文時代から人々が

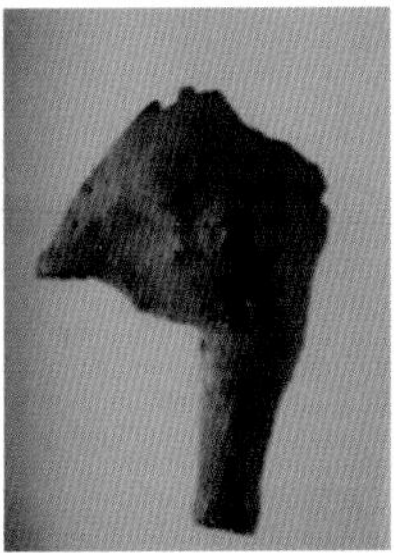

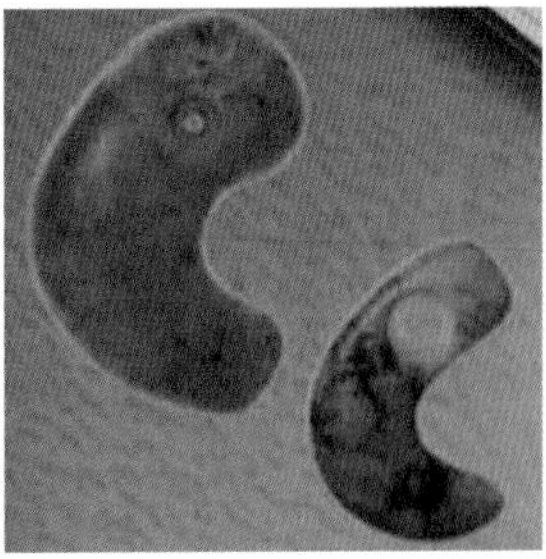

田原本町教育委員会所蔵

住んでいた途切れたことのない生活のしやすい土地であったことから、弥生時代の農耕生活に入って近畿の中核的な集落に発展した。大陸系（海を渡った）文物の流入ルートは瀬戸内海か琵琶湖か、その担い手は出雲系か丹後系かはたまた、吉備の仲介かと考えたくなるが、交易して歩く縄文人、戦争しない縄文人が豊かな土地、田原本町に集まった。「クニ」になったか、なり切れなかったか、歴史は何も語ってくれない。考古学も決定的なことは推論しない学問である。しかし、唐古・鍵集落は弥生時代中期からの激動の中を古墳時代後期（約1500年前）まで約800年間も存続し、ヤマト王権の母体となったことは間違いない。著者は、平安時代の『和名類聚抄』の「旧国名別田面積比較」から見て、周辺の集落を併呑した唐古・鍵は倭国有数の米の生産力を持つ大国であったと考えている。『和名類聚抄』の「旧国名別田面積比較」には、畿内5万5351町（山城8961町、大和1万7905町、河内1万1338町、和泉4569町、摂津1万2578町）、筑前1万8500町、東海4万6593町（伊勢1万3185町、尾張6820町、三河6820町、美濃1万4823町）、吉備3万2713町（備前1万3185町、備中1万227町、備後9301町）と記されており、畿内が最大である。平安時代でこの差であるから、弥生時代末期はもっと差が付いていただろう。

最盛期の唐古・鍵は倭国の覇権を争う力を持った「クニ」になっていて、後に邪馬台国になったのではと思わせる勢力ある大集落であった。しかし、それは財力であって政治力ではなかったのかも知れない。唐古・鍵の影響力圏内でも、祭祀の道具としての鳴らす銅鐸から見せる銅鐸への大型化は長く続かず、王権を持つ司祭の鏡による祭祀に変わっていった。大国主命の影響が見え隠れする。しかも、ヤマトの部族も同時に縁を結んだ様子が窺える。このような状況下、唐古・鍵自身は、何か、地域の金持ち長老のまま、共同共存の村社会から「クニ」社会に変革するという大きな社会変動に乗り切れなかった感じが吹っ切れない。

■五斗長垣内《ごっさかいと》遺跡（２１００〜１９００〜１７５０年前）

淡路島北部の淡路市黒谷五斗長垣内地区の播磨灘側海岸から約３km入った標高約２００mの津名丘陵に立地する播磨灘を見張る眺望を持つ高地性集落である。この丘陵には弥生時代の集落が他に１６０カ所あるが、ここは、弥生時代後期初頭（約２１００年前）に出現し、後期末（約１７５０年前）まで継続した集落である。この集落は、紀元1〜2世紀頃に１００年以上もの間、鉄鍛冶に特化した非常にユニークな集落である。発見された竪穴建物跡23棟のうち、半数以上の12棟が鍛冶工房建物であった。これらの工房跡からは多数の鍛冶工具、朝鮮半島製の板状鉄斧、鉄製品

としては鉄鏃、ノミなどの小型工具などが出土したが、農具は発見されてない。この淡路島津名丘陵上の160カ所もの集落の中には戦いに備えていた集落もあり、明石海峡を望む塩壺西、尼ヶ岡遺跡などからはのろし台、大型鉄鏃、投弾（石つぶて）が出土している。鉄鍛冶に特化したこの時代には紀元147年から188年の42年間、長い倭国大乱があった。『後漢書』には「桓・霊の間、倭国大いに乱れ、こもごも相攻伐し、歴年主なし。」と記されている。桓・霊の間というのがその42年間である。長かったのは、「歴年主なし」だから、覇権を握るほどの強国が現れなかったのであろう。領土拡張、弱肉強食の争いが続き、集落は環濠を巡らせたり、高地に移動したりして防御する必要に迫られた。ここでは、重い鉄素材、鉄製品を運ぶ手間より、西方からの外敵の侵入を防ぐ目的を優先して高地を集落としたのである。各地の高地性集落の分布をみると、西方からの侵入に備えたものがほとんどである。ちなみに、九州には高地性集落は皆無に近い。

　鍛冶工房建物は直径約10ｍの大型で床に直に炭を置いて鍛冶作業をしていたと考えられている。鍛冶作業の素材は朝鮮半島から輸入した板状鉄斧で長さ17・8㎝のものが出土している。

それを鍛冶加工するには約１０００度以上の熱が必要であるが、この遺跡発掘チームはどのようにして１０００度の熱を得ていたかを実験で確かめた。ハスの茎を束ねて送風管を作り、圧力や熱に対応するため、両端を粘土で固めた。この送風管に革袋を使った送風装置で空気を送って高熱を発生させた。石のハンマーで叩けば形状を変えられるまで素材を熱して、石の台上で叩きのばして切ったり小さく分割し、最後は切っ先を砥石で研磨し製品化した。しかし、鉄素材をどろどろに溶かして鋳型を使うというような製鉄技術段階には到達してなかったようである。

この集落がどの国に属していたのか、素材はどのルートで輸入、配布されたのか、製品は誰の手に渡ったのか、九州勢でないことは確かだが、出雲か、吉備か、畿内勢か、あるいは地元の未知の勢力か何も分かっていない。出雲が鉄素材を運ぶには海路が遠過ぎるし、出雲の戦略的体制が整っていない時代に五斗長垣内集落の鉄器生産が始まっている。しからば畿内勢力か、もしそうだとすれば、慌ただしく鉄器生産設備を残したまま、同じ淡路島ではあるが移動してしまうことはなかっただろう。

邪馬台国卑弥呼が没するまでここで鉄器生産を続け、卑弥呼以後は同じ淡路島の舟木地区に鉄器生産の重心を移したのである。五斗長垣内集落には高地というだけで防御態勢がなく、卑弥呼没後の騒乱を避けるために移動したというのが真相だろう。吉備国は九州勢に一目置かせている勢力であり、この年代には、瀬戸内海航路の東側を抑えているので、吉備国が五斗長垣内集落の背後にいるとの判断が妥当であるが、淡路島生産の鉄器を必要として、西方から運ぶ鉄素材を淡路島で製品化して吉備に持ち帰るのは合理的でない。最も濁りの少ない推論は、鉄製品を必要としたのは畿内勢力、吉備国は協力国で鉄素材供給国であったというものではなかろうか？

■池上・曽根遺跡（2300～2000～1800年前）

大阪府和泉市池上町と泉大津市曽根町にある遺跡である。弥生時代中期前半頃（2300年前）から中期末（紀元1年頃）まで存続し、その後（1800年前）急速に縮小衰退する。中期後半（2200～2000年前）に全盛期を迎えた大規模環濠集落である。集落の中心部で

見つかった大型掘立柱建物は東西19・2m、南北6・9m、面積133㎡と、弥生時代最大級の規模をもつ建物である。建物の南側にある井戸は屋根がついた珍しいもので、直径2・3mのクスノキの大木を刳りぬいて井筒にしており、刳りぬき井戸としてはわが国最大のものだ。発掘されたときもこんこんと水が湧き、2000年間、井戸が生き続けていた。この大規模環濠集落が縮小衰退するのは河内潟が淀川と大和川からの土砂流入で河内湖に変わる年代で、漁獲、農地なども影響を受け、集落としての対応が必要だったであろう。また、この集落が全盛期を少し過ぎた頃に倭国大乱が発生していることから、日本列島中で何らかの社会変動の時期に入っていたものと思われる。考えられる社会変動のきっかけとしては農耕祭祀に青銅器を使わなくなり、埋納され始めたことが上げられる。この農耕祭祀の変化を社会変動のきっかけと捉えるのは、それによって集落の長老は祭祀の主催者すなわち司祭の役割を失ってしまうこと、首長あるいは王となり、王権を保持し、集落の人々を保護して地域紛争に対処せざるを得なくなったことと考えるからである。そして、その社会変動はこの集落にも押し寄せてきた。弥生時代中期末（紀元1年頃）から衰退期に入った池上・曽根環濠大集落は、勢力拡大、領域拡大という領域国家誕生の社会変動の波に飲み込まれたに違いない。河内潟が淀川と大和川からの土砂流入で河内湖に変わってしまい、漁獲、農地なども縮小衰退しては、大勢力に協力せざるを得なくなったと思われる。戦争、その破壊の痕跡がないことから滅亡ではなく縮小衰退と表現されている。ここは物部氏の故地と推定されており、早くからヤマト王権の軍事部門に枢要な地位を占めていた関係上、故地を離れたものとも考えられる。物部氏は、聖徳太子の時代に二大豪族の勢力にまで伸長している。

奴国

■須玖岡本遺跡（2200年前）

福岡平野の真ん中、那珂川と御笠川に挟まれた春日市岡本にある奴国の王墓が発掘された遺跡である。玄界灘に面する志賀島、博多湾最深部、水田稲作遺跡の板付遺跡から春日市の須玖岡本遺跡は一直線上に並んでいる。呉の難民が初めてこの地を発見した時、2200年前か2100年前か、願ってもない素晴らしい土地に辿り着いたと歓喜しただろう。弥生時代前期末（約2400年前）、中国では呉越の戦いに敗れた呉が滅亡し（紀元前473年）、越の追討を逃れた呉の難民が発生した。『史記』に激越な死闘が描かれている。秦の始皇帝、漢帝国になると人口統計が記録され、岡田英弘著『中国文明の歴史』

には、人口統計が半減したような民族興亡の結果が記されている。越も紀元前３３３年頃、楚に滅亡させられて難民化した。こうした難民は朝鮮半島を南下して、呉越の故地に似た気候、風土を探し、数十年、１００年、２００年掛けて日本に漂着した。そして縄文人と混血したのだろう。

春日市には、中央部を南北に走る春日丘陵があるが、周辺を含め途切れることなく弥生時代の遺跡が続く。ここは弥生時代中期（約２２００～２１００年前）頃から急速に拡大した奴国の王都で、周辺で青銅器、ガラス製品など当時の威信財を生産した中心地であり、工房跡、集落跡、甕棺墓など「弥生銀座」と称される遺跡密集地帯に位置している。奴国は「クニ」としての発展の勢い、強さから伊都国とともに北部九州の弥生の国々の盟主的存在であった。また、約30面の前漢鏡、ガラス璧《へき》をはじめ、青銅製武具（銅剣、銅矛、銅戈）、ガラス勾玉や管玉など多数の貴重な副葬品が発掘された。中でも特に注

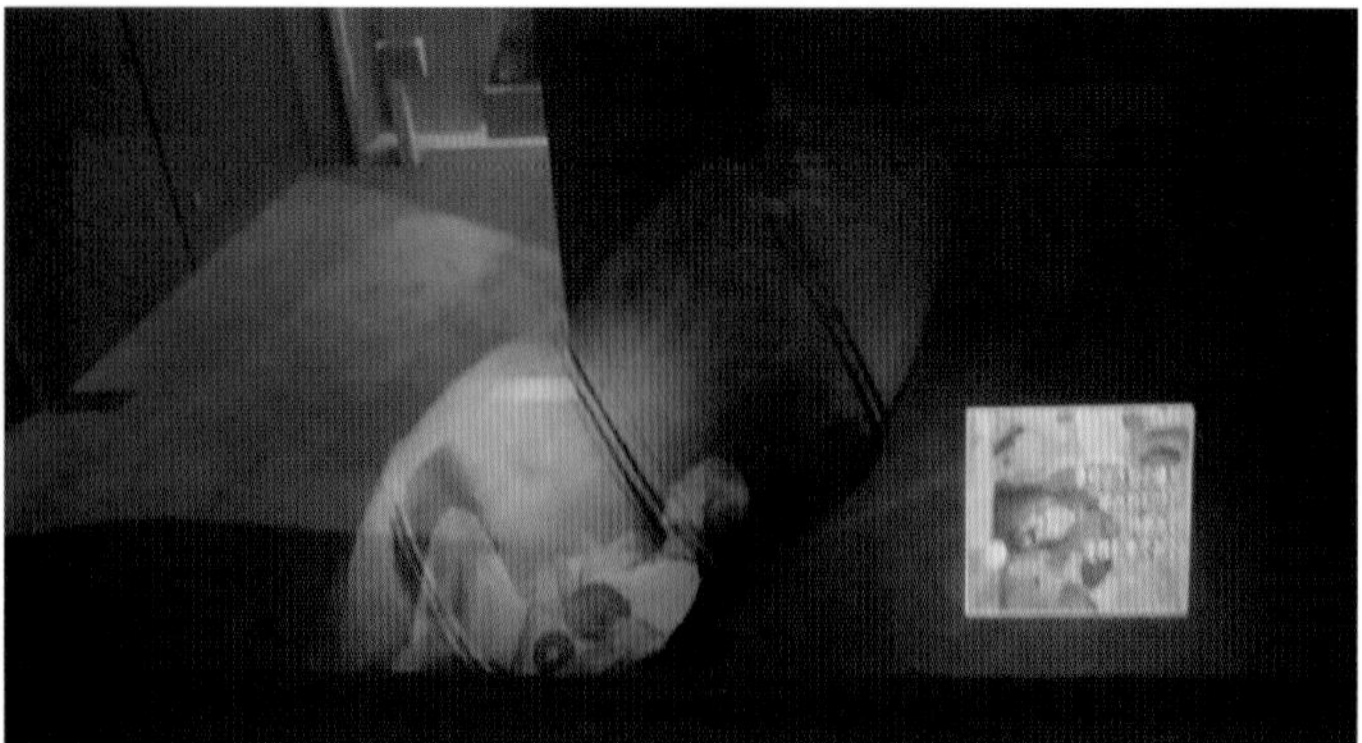

目すべきは、直径20㎝を超える３面の草葉文鏡が出土したこと、この大型草葉文鏡は中国でも王侯クラスの墳墓から稀にしか出土しない副葬品である。これらの副葬品から、この墓は紀元前1世紀末頃のものと判明した。発掘された甕棺の内外から星雲文鏡という前漢の希少な鏡の破鏡（破片部を研磨したりして大事にされた）と呼ばれる４分の1破片が出土している。これは中国の呉国の難民がずっと家宝にしてきたものであり、鳥取県の青谷上寺地遺跡とここだけで出土している遺物で、呉の難民の持ち物と特定できる証拠の品である。甕棺墓の上には重さ４トンの巨石が被せられていること、副葬品の量と質が突出していることより、紀元57年に後漢光武帝から金印を賜った王より数世代前（50年から１００年ぐらいか?）の奴国王の墓と考えられている。副葬品ではないが、これまでに知られている中で最大級の甕棺墓から十数本の歯が見つかった。今後の遺伝子工学の進歩によるＤＮＡ分析が期待される。

青銅器生産は奴国が当時最も進んだ国で、掘立柱建物の周りに、排水や除湿のための溝をめ

ぐらせた構造の工房跡が発掘されている。この工房跡の内外からは矛、戈、剣、鏃、釧・鐸などの鋳型、坩堝、銅さいなどのおびただしい数の青銅器生産関連遺物が出土した。奴国の青銅器生産官営工房だ。

須玖岡本遺跡から５００ｍほど離れた赤井手遺跡（弥生時代中期から後期、約２１００年前）では鉄器生産が行われていた工房が発掘され、鉄素材、未完成の製品、鉄を熱する炉などが出土した。鉄素材を高温で熱し、鍛造する鉄器生産様式である。２１００年前には鉄器を日本列島内で生産していたとはっきり分かる遺跡の一つである。

奴国は後漢帝国の光武帝が金印を下した最初の倭国ということで有名である。奴国は、地の利を活かして朝鮮南部の真番郡と関係を密にしていた。真番郡の歴史をひも解くと、紀元前２８４年燕の昭王が真番郡、朝鮮を支配、紀元前１９５年箕子朝鮮滅亡、燕人の衛満が支配、紀元前１０８年前漢武帝が衛子朝鮮を滅ぼし、朝鮮半島南部を開くため楽浪・真番・臨屯《リントン》・玄《ゲン》菟《ト》４郡を置く。紀元前82年漢が真番郡を廃止する、という長い歴史を有する。すなわち、紀元前２８４年から倭との交易には利があると中国歴代王朝が考えていたのである。それを知っていたのが奴国だ。須玖岡本遺跡の王墓から出土した副葬品に希少な前漢鏡が多かったのはそれなりの背景があったのである。奴国は渡来系弥生人の国だが、祖先は中国の呉の国の難民で文字を読み書きできる人がいたに違いない。体裁を整えて真番郡と交易し、先進技術を取り入れて国力を増大させていた。この歴史と、奴国の国力、体裁のよさが、紀元57年に後漢帝国光武帝をして、奴国の大夫（中国の地方長官の役職名で読み方はたいふ、たゆう）が朝貢してきた機会に金印を下賜した背景である。光武帝は帝国の財政立て直しの目的があったが、倭国を傘下に取り込む深謀遠慮もあって、「漢委奴国王印」を賜ったのである。この読みは、「委奴」の読み方で二通りに分かれている。主流は「かんのわのなのこくおういん」と言われているが、著者は「かんのわどのこくおういん」と読む案を採用している。漢字の碩学である白川静の弟子筋で２０００年前の漢字を勉強している中国人学者の説である。この印は奴国王印ではなく倭国王印である。この印の「委奴」は中国北方の匈奴に対し、南方の倭人の民の意味で『倭奴』と書くところを『委奴』と書いたものだ。漢帝国は自分が世界帝国であることを十二分に意識しており、倭国に30～１００余りの国があることを知っているのだから、そのうちの一つの国「奴国」を取り立てることはあり得ない。光武帝は、朝鮮半島及び倭との商売の利すべてを楽浪郡に任せるリスクをも回避するためにこの手を打ったのだ。奴国は、真番郡の代わりをさせられ、楽浪の出先に当てはめられ、中国の植民地政策の先兵にさせられたというのが歴史の真実であろう。そして、奴国は、以後、この真実に翻弄されることになる。

『魏志倭人伝』は、公孫康によって紀元２０４年に設置された帯方郡の使いが自ら伊都国経由訪問した奴国と、訪問していない伝聞のみの奴国の二つの奴国名を記載している。

■志賀島金印公園（２０００年前）

『漢委奴国王印』（福岡市立博物館所蔵）は志賀島金印公園にて発見されたもので、福岡県の奴国の大夫が楽浪郡ではなく、後漢の都洛陽を直接訪問して朝貢してきた時に後漢帝国光武帝より下賜された金印である。

発見は、１７８４年、江戸期のことで、志賀島で農夫が農道脇から見つけたと黒田藩に届けた記録がある。博多湾の玄関口にある志賀島は、今では本土と砂州、砂州上の道路で繋がっており、島らしい島には見えない。海蝕により海岸線は相当削り取られたようだ。ここは古代海人族と呼ばれる阿曇《あずみ》の海民の本拠地で志賀海神社が鎮座している。伝承によれば、宗像大社の宗像の海民より古い阿曇の海民は、紀元前より奴国の渡海交易を差配していたのである。

金印下賜は、紀元57年のことで、『後漢書東夷伝』に記載があり、内容が一致していること、金印が純金製で、漢帝国から近隣諸国に下賜されたものと同じ金の含有量であることなどから本物と認定され、国宝指定を受け、福岡市立博物館に収蔵されている。但し、奴国の王、誰それに金印を下賜するとの王の名前が中国の史書にない。

金印は漢帝国と奴国の間で交わす公文書、重要な品などを送付する荷物の封印に使うものだ。荷物を締めたひもの結び目に粘土を張り付け、そこに金印を押印して送附物の秘密を守る鍵の役目をするものである。この封印のやり方を封泥と呼ぶ。

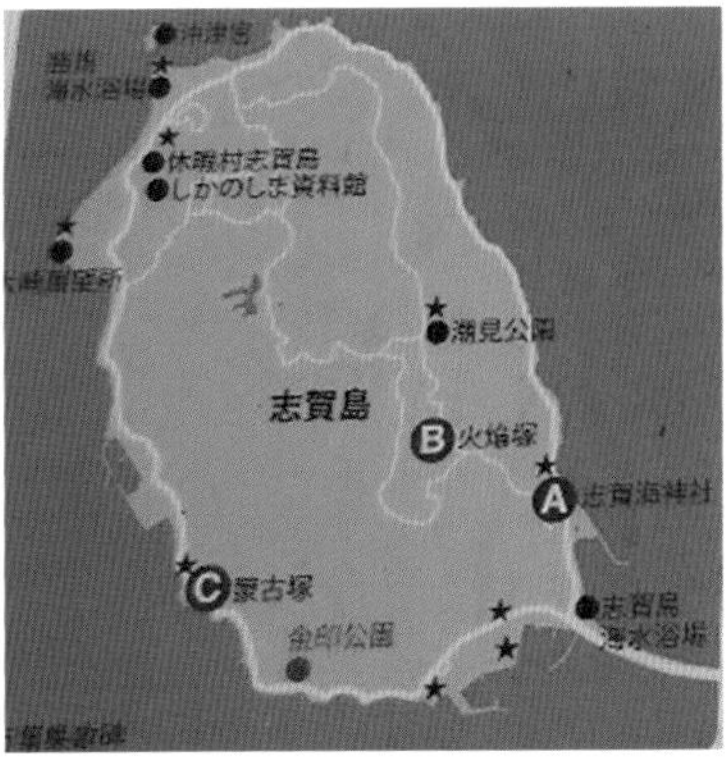
沖津宮
勝馬
海水浴場
休暇村志賀島
しかのしま資料館
潮見公園
志賀島
B 火焔塚
A 志賀海神社
C 蒙古塚
金印公園
志賀島
海水浴場

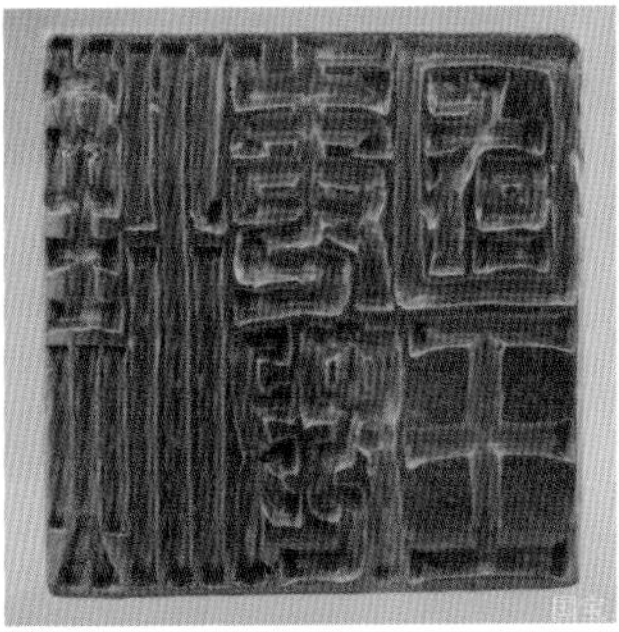

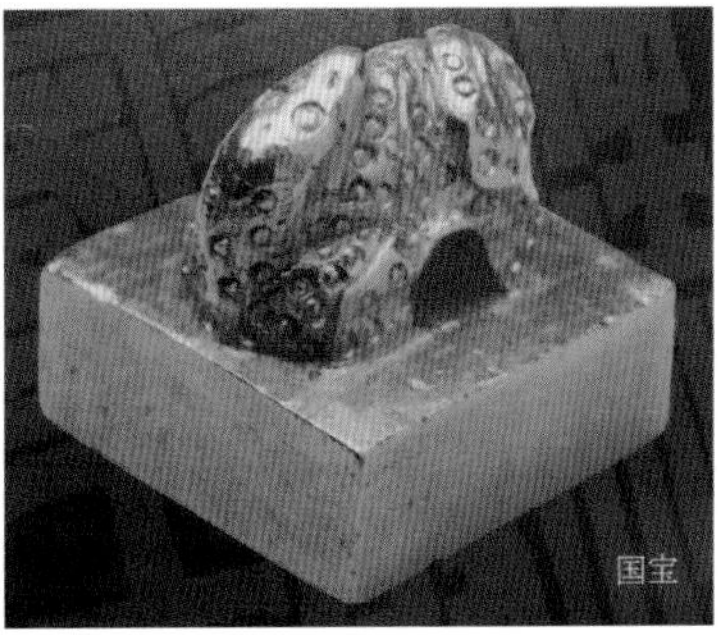
国宝

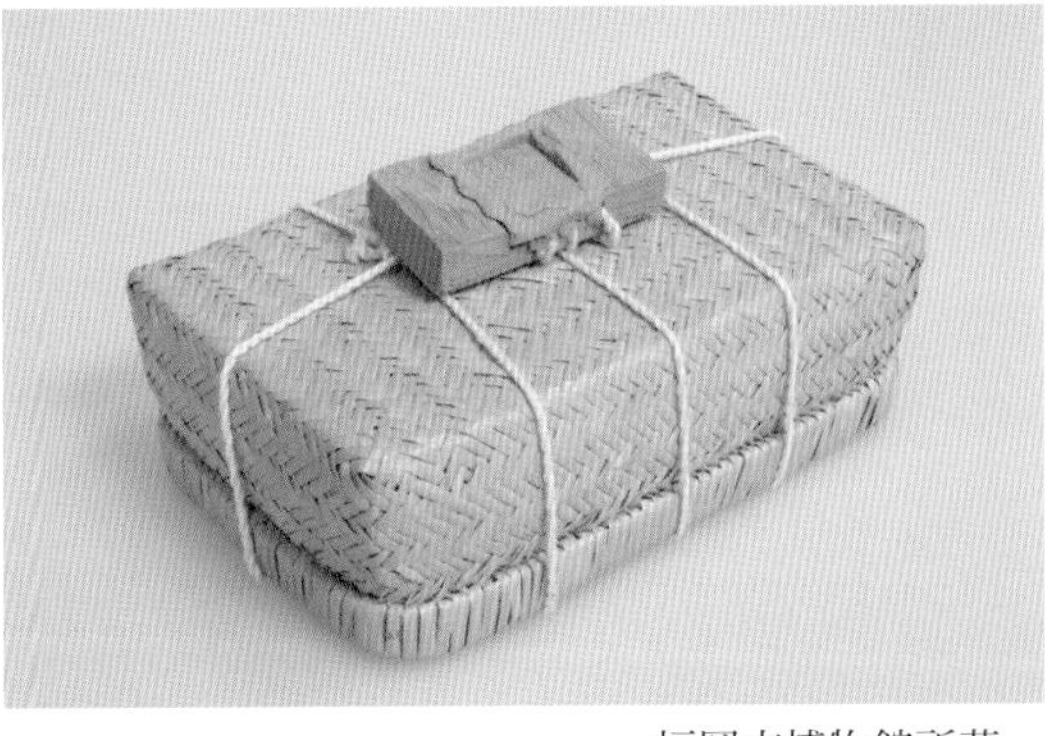

福岡市博物館所蔵

博多の奴国は金印を下賜され、後漢との国際関係を結ぶこととなった。紀元前82年に真番郡を廃止し、その仕事を楽浪郡に集約してはいるものの、「真番郡の代わりを務めよ。必要あれば、漢帝国と直取引も可能である」というのが後漢との国際関係である。『漢委奴国王印』を下賜されたということは、そういうことなのである。金印下賜の１６５年前の紀元前１０８年、前漢武帝が衛子朝鮮を滅ぼし、朝鮮半島南部を開くため楽浪・真番・臨屯・玄莬4郡を置いた時、真番郡は、日本列島の眼と鼻の先の朝鮮半島南端、釜山へ流れ出る洛東江の流域に15県も建設されたのだ。県城一つにつき千人としても一万を超す中国人が入植し、しかも日本列島の市場開拓に従事したのだった。26年も続いた真番郡の活動の結果、日本列島のいたるところに「クニ」と称される商業都市が成長していた。それが『漢書地理志』に出ている「楽浪の海中に倭人あり、分かれて百余国となる。歳時をもって来たりて献見す」の倭人の百余国である。武帝の54年にわたった積極政策のため、漢の国力はひどく消耗したので、武帝の死後（紀元前87年）、昭帝は紀元前82年に真番郡を廃止し、日本貿易は楽浪郡の管轄に移されたが、王莽の内乱で中国の人口は四分の一に激減し、とても境外の利権を確保する実力がなくなったので、後漢光武帝は紀元57年、博多の奴国の酋長を「漢委奴国王」に任命し、日本貿易の管理の責任を負わせたのだ。日本列島の「クニ」から楽浪は遠過ぎ、大きい国が貿易を独占することになって、貿易できる国は約30カ国に絞られていった。

奴国の成長はこの立場が十分な効き目を発揮したことによると言っていいだろう。しかしながら、富が偏ったことによって、百余国が競い合う一種の平衡安定社会は不安定化した。奴国自身も、急な成長が災いしたと思われる。著者の考えだが、奴国に内紛が発生、金印争奪の流血の内部分裂に至り、金印を奪って逃げる途中に船が難破したか、誤って落としてしまったか、後の祭りで志賀島の海岸線に近い農道からでてきたわけである。今ではその農道もないし、金印公園辺りには古代の墳墓など何もない、ただの海蝕海岸線、波打ち際である。

　奴国は勢いのある経済成長から覇権国への膨張に至り、周辺国を侵食した。周辺国は環濠を巡らせて防御体制を取った。そのような膨張は侵食する側とされる側をわけ隔てた戦争となり、領土拡張戦争に発展した。しかし、奴国の隣国である伊都国は鉄製武具を多数保有していて奴国に対し逆攻勢をかけ、程なく、北九州の覇権を掌握してしまった。奴国自身は膨張の結果として内部分裂した。伊都国は、北九州に留まらず、海上交通路での水・食料補給の重要性を熟知しているがゆえに、日本海沿岸地帯、瀬戸内海航路方面へも覇権の矛先を伸ばした。その行く先々は、環濠を掘る、高地性集落を造るなど、防御体制を敷いた。紀元１４７年に『魏志倭人伝』が言うところの「相攻伐すること暦年」との日本列島西半分を含む倭国大乱と呼ばれた事態に至る。

　奴国が金印を下賜された50年後、中国との間に新たな動きが出る。紀元１０７年、倭国王帥《すい》升《しょう》等、生口１６０人を献ずる。１６０人はすごい数であり、大船が必要である。後漢の鄧太后の時代で『後漢書孝安帝紀』に、「倭国が使を遣わして奉献した。」と言い、『後漢書東夷列伝』に「倭国王帥升らが生口160人を献じ、請見を願った。」とした中国国内向けの政権浮揚策である。日本の王の名が中国の史書に記載された初めての例が倭国王帥升である。この50年間に何が起こっていたのであろうか？　中国側は50年前と同じ後漢帝国だが、この政権浮揚策を持ちかけた相手は金印を下賜した『漢委奴国王印』を持っているはずの奴国ではない。「倭国王側が請見を願う」という策の実現に後漢の出先楽浪郡が何度か日本を訪れただろう。そして、日本列島の「倭国」は倭人の部族がそれぞれの王を戴いて「クニ」をつくり、それが乱立していたのを奴国が取りまとめていたが、50年後の今は奴国ではなく、次の九州の覇権国が「倭国」を取りまとめており、その王の名が帥升であることを知り、楽浪郡は、倭国王帥升に後漢鄧太后の政権浮揚策「倭国王側が請見を願う」の実現について協力要請してきたのだ。奴国から覇権が移った先は伊都国なのだ。漢鏡の保有数が、後漢から見ての覇権国は伊都国ですよと、証拠立てている。しかしながら、漢鏡は北九州では鉄器の時代になったことから威信財としての価値がなくなりつつあり、近畿が漢鏡の保有を増やしている時代に入っている。楽浪、真番の中国商人から見て鉄素材も買う、漢鏡も買う購買力のある「クニ」は北九州ではないかも知れない。

倭国王帥升は楽浪郡の顔を立て、後漢との関係を有利に進めるためにも提案のあった政権浮揚策「倭国王側が請見を願う」の実現を請け負った。その実行には、生口160人を揃えるための人狩りをする必要があったし、同行させる部族、王を30カ国の中から選定しなければならなかった。王が留守の間のことも考慮しなければならないし、王が一人で行くわけにはいかないので随行員の人数を揃えることのできる国でなければならない。もちろん、30カ国すべてを同行させることもできない。そのように絞り込んでみると、伊都国、出雲国、吉備国、唐古・鍵国などの５～６カ国以内が同行したと推定したい。

一方、中国では、紀元１８４年、黄巾の乱が勃発。三国時代に突入して激動の戦乱の世を迎えている。この乱の影響は日本にも波及してきて、楽浪郡の中国人らは大挙して朝鮮半島南部へ避難し、中には海を越えて日本へ入り込む者も多数あった。この中国人多数の入国による混乱が倭国大乱の後始末を速めた。あっちこっちで燃え盛った水、土地争いから発展した領土拡張戦争が長引きすぎて厭戦気分が横溢して一応の収束方向に向かってきていた。

不満を残している国も多くあって和平協議には至らなかったところ、多数の中国人難民の入国による混乱を治めるためにも和平協議開催に傾いていった。

『後漢書』は日本について、「この頃、男子を以て王となし留まること7、80年、倭国乱れ、相攻伐すること歴年、すなわち、一女子を共立して王となす。名は卑弥呼という。」と記している。『後漢書』はどの男王の時に大乱が終わり、卑弥呼を共立したのかは明確に述べていない。倭国大乱は桓帝（１４７～１６７年）、霊帝（１６８～１８８年）の42年間続いた。倭国王帥升の年齢を、紀元１０７年に後漢の鄧太后のところへの訪問団長を務めた時、40～50歳の壮年と仮定すると、計算上、その40年後から81年後までが大乱だから、大乱の始まりは80～90

歳、大乱終わりは122〜132歳となる。後漢が「7、80年の長きにわたって治めていた」などの詳細を知っていた倭国王は帥升ぐらいのものだが、大乱の終わりまで帥升が生きているわけがない。常識的な推定としては、帥升の次の世代の倭国王が大乱始まりの時の王、大乱終わりの時の王はそのまた次の王位継承者だろう。何故ならば、王位は王の死後に即、継承されるもの、すなわち、王が死なないと継承されないものだからだ。『後漢書東夷伝』に「国、皆王を称し、世世統を伝う。」と記されている通りだ。奴国没落後、紀元2世紀初め頃の日本の覇権は伊都国とみるのが順当で、倭国王帥升は伊都国の王であろう。紀元250年頃に平原王墓が築造されているので、伊都国の勢力は紀元前200年ころから約400年間温存、継続していることになる。

なお、壱岐市原の辻遺跡では、楽浪郡の文物とともに弥生時代の出雲の土器が出土している。出雲は奴国を経由せずに楽浪郡と直接取引し、壱岐とも交流していたことを示している。出雲は、すでにそのようにして山陰地方、日本海を支配していた可能性がある。

4　弥生時代後期（2150～1750年前）

伊都国

■三雲南小路遺跡（2100～1750年前）

三雲南小路遺跡は弥生時代中期後半（約2200～2100年前）の遺跡で最も古い伊都国王墓が築造されている。

伊都国は福岡平野の西方、背後の脊振山地が海方向に東西で張り出した狭間部分にある。海側に糸島半島をかかえ、海にも山にも恵まれた国である。平野部が海浜まで繋がっているので海に乗り出すに都合よい地形である。大国に成長するにはちょっと狭い。縄文時代草創期（1万6500年前）から現代に至るまでずっと人が住み続けた土地で、東側福岡湾、西側唐津湾、北側糸島半島玄界灘沿岸とどこからでも海上交通によって、日本各地、壱岐、対馬、朝鮮半島南岸部と交流、交易を行うことは縄文時代からの伝統である。こちらから持ってゆく交易品は、石斧、次いで碧玉水晶等の玉である。それぞれの製作所集落遺跡が糸島地域で発掘されている。紀元前108年、楽浪郡が設立された後には糸島海浜部に中国、朝鮮半島の人々が滞在できる施設が開設された。この施設跡から日本最古の硯が出土した。楽浪郡の使者が滞在中に使った硯か、伊都国側の役人が使ったものかは分からない。

糸島地方はイト地域とシマ地域を合体させた呼び名で、『魏志倭人伝』の伊都国と斯馬国に相当するとの意見もある。シマ地域には三雲南小路の王と同盟関係か縁続きの国があったのであろう。糸島半島北西部の新町貝塚（縄文時代後期と思われる）の土壙墓から屈葬された熟年女性の人骨が発掘されている。その人骨は左腕に14個、右腕に7個の貝輪が装着された特別な人である。後の伊都国の女王、王墓に並んで埋葬された王妃を暗示しているかのようだ。稲作は縄文時代晩期、弥生時代の始まり（約3000年前）に完成された技術水準で伊都国地域に伝わった。鉄器（板状鉄斧）、支石墓、磨製石器の伝来も同時だった。埋葬施設としての支石墓、副葬品の磨製石器は比較的に早く廃れたが、鉄器の使用につ

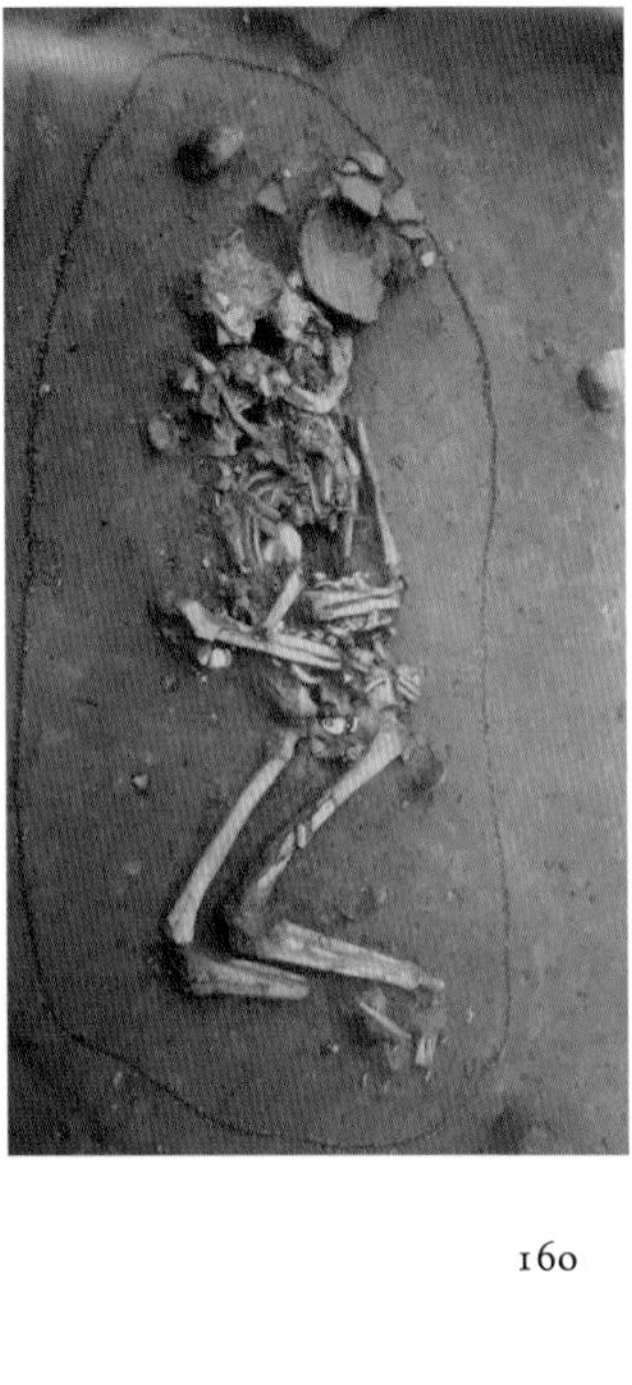

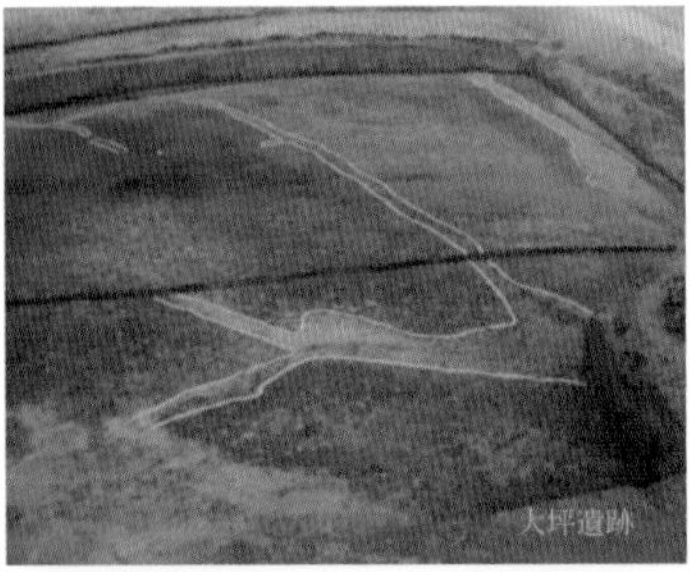

大坪遺跡

石崎矢風支石墓

いて、伊都国は日本の最先端を行くことになる。三雲南小路王墓の発見は古く江戸時代文政5（1822）年に偶然発見された。当時の様子は青柳種信『柳園古器略考』に書き残され、その後の調査でこの王墓は約30ｍ四方の周溝が囲む墳墓で1号甕棺と2号甕棺があったことが分かった。1号甕棺は江戸時代に発掘され出土品はわずかだったが、2号甕棺からは多くの副葬品が出土した。それらを比較して、1号甕棺は国内の出土例が稀な前漢鏡、ガラス璧の破片から男王、2号甕棺は前漢鏡が22面以上、ヒスイ勾玉、ガラス製勾玉などが出土していることから王妃が埋葬された王墓である。1号甕棺墓に埋葬された男王の副葬品は、男王の役割が祭祀の司祭をも兼ねていたことを示唆するかの如く鏡が多く、国内に出土例がない直径27・5㎝の彩画鏡、直径19・3㎝の雷文鏡など前漢鏡35面も出土した。1号甕棺、2号甕棺合わせて国内の出土例が稀な前漢鏡が57面以上出土した例は弥生時代、古墳時代にもない。男王の1号甕棺から武具は銅矛2口、棺外から銅剣1口、銅戈1口が出土した。その他多種多様な副葬品の中にガラス玉璧や金銅四葉座飾金具のような前漢皇帝から下賜されな

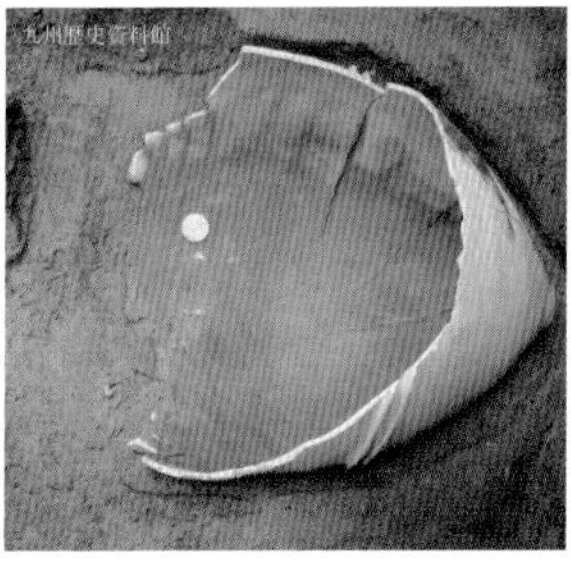

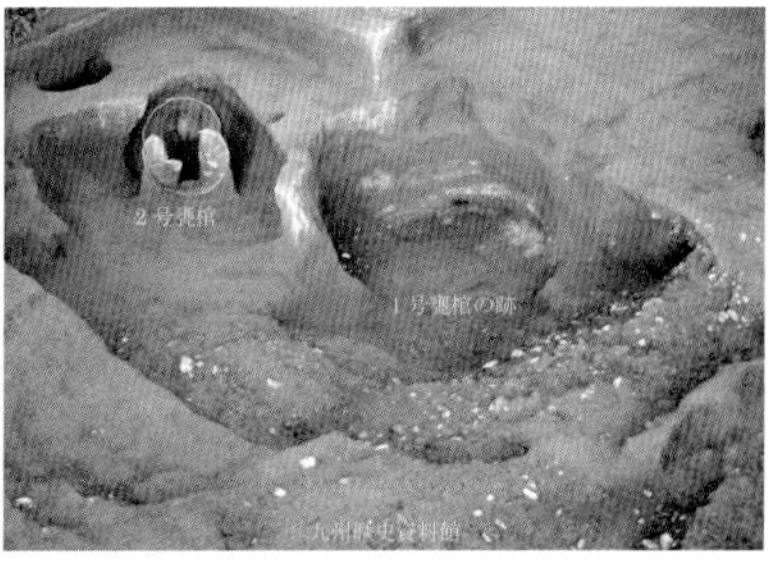

九州歴史資料館所蔵

ければ手に入らないものが含まれている。したがって、この三雲南小路の男王は弥生時代後期初頭（約2100年前）に前漢から東夷の王と認識されていた可能性が高い。これほどの王に神話、伝承、中国側の文献が無いとは思えないので何とか調べてみたい。

■井原鑓溝《やりみぞ》遺跡（2100〜1750年前）

井原鑓溝遺跡は弥生時代後期（約2100〜1750年前）の遺跡で、三雲南小路遺跡に次ぐ時代である。この時代の井原鑓溝王墓は、江戸時代の天明年間（1781〜1789年）に発見されていることが、青柳種信『柳園古器略考』に書き残されていた。しかし、今ではどこにあるのか。三雲南小路王墓の南側、鑓溝地区王墓周辺の江戸時代の溝を再調査中である。後漢鏡21面の出土という内容から伊都国歴代の王の一人の墓である。鑓溝地区において、弥生時代後期（1900年前頃）の木棺墓25基、甕棺墓47基、祭祀土坑81基が発見された。墓は列をなしており、方格規矩鏡、内行花文鏡など銅鏡5面、ガラス小玉1万個以上の副葬品が出土した。これらから、伊都国王に仕えた有力者たちの集団墓と判断された。糸島半島の付け根部に伊都国沿岸があった頃の遺跡である潤地頭給遺跡から小型の準構造船（丸木舟を船

底にして舷側板を継ぎ足した船）の船材が出土した。この小型準構造船は港と港の入り口を往復していたものと思われる。伊都国は大型の構造船も保有していただろう。『後漢書』記載の、生口160人を連れた大訪問団は当然大型船が必要であった。その総責任者の倭国王帥升は、前漢の時代に「東夷の王」と認識された三雲南小路の男王からの勢力が拡大継続している井原鑓溝の系譜に繋がった、伊都国の王と考えるのが自然だ。朝鮮半島、中国との交易が不公平になって、社会情勢は不安定化していた。奴国の覇権国政策、横暴、内紛が社会情勢不安定化を助長していると著者は考えている。そして鉄製の武器を持った伊都国の王、井原鑓溝王墓の漢鏡21面が副葬されていた王が武装集団を編成して、自国勢力を中心とした社会を目指したであろう。そ

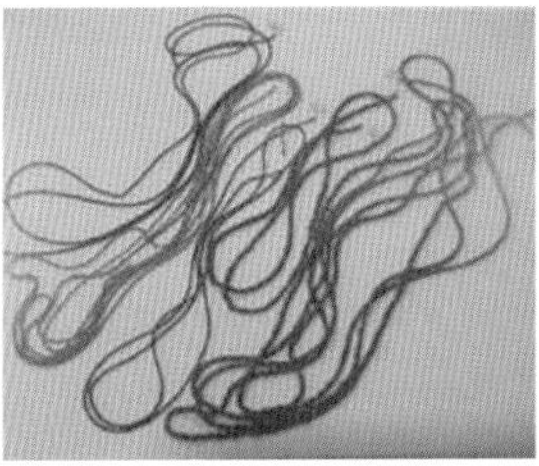

国（文化庁）保管

37－6　潤地頭給船の復元図
長さ約7mの小型船。喫水が浅いため、遠浅の海や川で活躍したと考えられる。

の同調者が生口160人もの人狩りをするなどの暴力、侵略行為を行ったこととそれに対する反撃が倭国大乱の原因の一つと思われる。

■平原遺跡（2100〜1700年前）

福岡県糸島市東部にある瑞梅寺川と雷山川に挟まれた曽根丘陵にある遺跡群を曽根遺跡群というが、平原遺跡以外は古墳時代中期築造の三基の古墳である。従って、見学対象は平原遺跡である。発掘調査結果、弥生時代中期初頭（約2100年前）の竪穴住居跡7棟、甕棺墓1基、木棺墓4基、弥生時代後期（約1900年前）の墳丘墓3基、大柱遺構3基、特殊建物跡1棟、古墳時代前期（約1700年前）の円墳2基、土壙墓12基、時期不詳の掘立柱建物3棟が発見された。

弥生時代終末期（約1800～1750年前）の1号墓は14m×10・5mの長方形、墳頂は平面形で幅1・5～3・0mの周溝で区画された排水溝を持つ墓である。墓壙中央には長さ3・0m、幅0・7～0・9mの割竹型木棺が1基納められていた。棺の内外から銅鏡40面、ガラス勾玉3点、管玉30点以上、連玉886点、丸玉約500点、小玉482点、メノウ管玉12点、中国の漢の時代に身分の高い女性が用いたピアスガラス耳璫《じとう》2点、水銀朱、鉄製素環頭大刀1本などが出土した。この1号墓が次に述べる平原王墓である。

■平原王墓遺跡（1750年前）

平原王墓遺跡は弥生後期初頭紀元1年頃～古墳時代前期紀元3世紀頃（約2000～1700年前）の遺跡で5基の墳丘墓が検出されている。このうち、弥生終末期紀元250年頃の1号墓は、最も規模が大きく豪華な副葬品を持つ著名な女王墓である。1号墓の築造年代に亡くなった日本人の誰もが知る女王の一人は邪馬台国の女王卑弥呼だ。もう一人は天照大神である。『日本書紀』は、天照大神が弟の素戔嗚尊との誓約《うけい》により5人の子供の母親であること、そして、5代後に神武天皇が生まれたことを巻一巻二の神代に記述している。神話の中の人物か実在した人物かを判断するのが本項の目的ではないが、平原王墓発掘調査主任の原田大六氏はその発掘調査報告書名を『平原弥生古墳大日孁貴《おおひるめのむち》（天照大神の神格名）の墓』としている。その根拠は、副葬品の中に、その大部分は大量の鏡だが、『三種の神器』が含まれているからである。「八尺瓊勾玉《やさかにのまがたま》」、「天叢雲剣《あまのむらくものつるぎ》」、「八咫鏡《やたのかがみ》」、特に直径46・5㎝の古代で世界最大の超大型内行花文鏡5面を含む銅鏡などの豊富な副葬品から1号墓は巫女的な性格を持った伊都国の女王墓であることは間違いない。超大型内行花文鏡を『八咫《やた》鏡《かがみ》』として『日本書紀』に見られる大日孁貴《おおひるめのむち》の墓と考える原田大六先生の説には無理が無い。この超大型青銅鏡の直径46・5㎝は後漢尺で2尺、その周囲の145㎝は「八咫」の寸法であること、さらに『延喜式』『皇大神宮儀式帳』に記された『八咫鏡』を納めた「桶代」の寸法

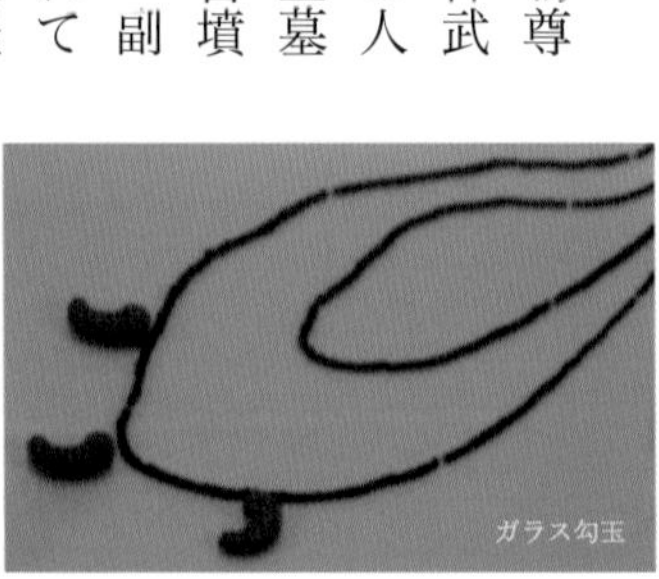

国（文化庁）保管

が、この超大型青銅鏡の径に近いこと、『御鎮座伝記』記載の鏡の特徴が「八頭花崎八葉形」であることから、これこそ伊勢神宮の『八咫鏡』と同型鏡であると、原田大六先生は結論づけた。

『三種の神器』の鏡は圧倒的で、径46・５cmの太陽の輝きをモチーフにした日本最大の鏡で、伊勢神宮ご神体の『八咫鏡』と同型であることは間違いない。副葬の鏡の枚数では三雲南小路王墓が王、王妃合わせて57枚、平原王墓が女王だけで40枚、径46・５cmの超大型鏡が５面も出土している。この５面は兄弟鏡で、１面の重量は７９５０ｇもあり、普通の鏡の重量約５００ｇの16倍ある。こんなに大きくて重い鏡をどのように扱ったのであろうか？　両手で鏡を保持し、太陽光にかざして反射光をピカッと光らせようにも重た過ぎる。鏡の部屋があって、日の光が入ってくる時間帯に人々を招き入れるなど工夫しないと、この鏡は扱いに困るほどだ。三雲南小路王も平原女王も絶大な権力者だが、平原女王の方は男王墓が発見されていないのか、独身で三雲南小路王と同様に祭祀の司祭をも兼ねた王であろう。

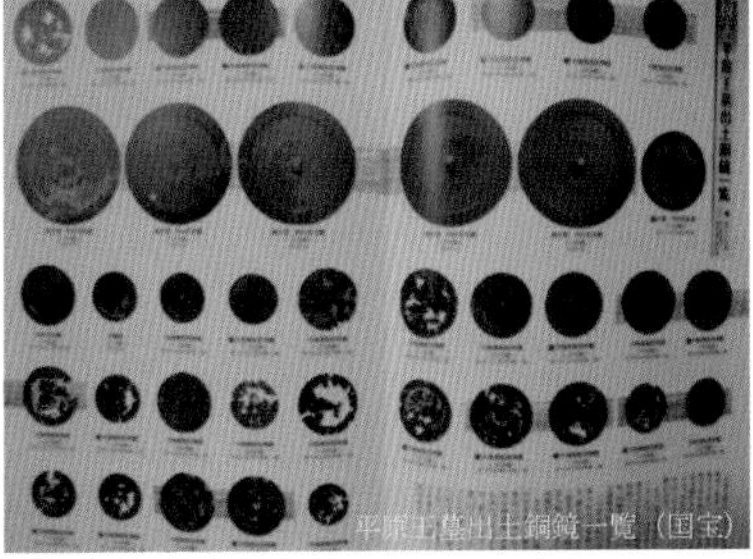
平原王墓出土銅鏡一覧（国宝）

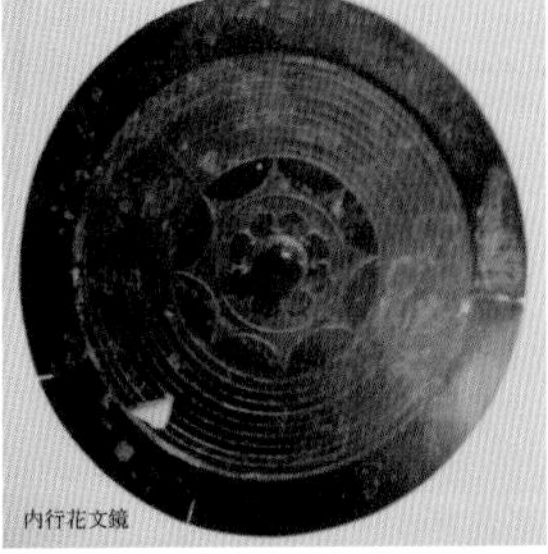
内行花文鏡

国（文化庁）保管

先に述べた通り、三雲南小路は弥生時代中期後半（約2200〜2100年前）の遺跡で、威信財として鏡の副葬が最も多い、最も古い伊都国王墓であると判断された。だが、鏡の副葬が多いのは井原鑓溝も平原も同じで三雲南小路王墓が57枚、平原王墓が40枚、須玖岡本王墓が30枚、井原鑓溝王墓が21枚である。これらの鏡はほとんどすべて漢鏡で、舶載鏡（日本にもたらされた中国製）か仿製鏡（中国製にならって国産した鏡）かの区別は現段階解っていないようだ。『魏志倭人伝』に銅鏡百枚を賜い「丁重にあなたに好物を賜うのである。」と書かれてしまったほど鏡が威信財だったのは九州、近畿を中心に日本全国的であった。但し、前漢鏡の出土は北九州がほとんどで、山陽地方に伊都国あたりが手を伸ばしたのか数カ所で前漢鏡の出土があるそうだ。近畿での前漢鏡の出土はない。これはやはり、九州が技術文化の先進地域で水が低きに流れるように東漸したと考えるのが妥当である。

鏡の国産の可能性はどうだろうか？　弥生時代中期後半（約2200〜2100年前）の末頃からは特に北九州では青銅器の鋳造、鉄器の鍛造が始まっているので可能性はあるだろう。ここでは弥生時代後期初頭（紀元1年）に築造された5号王墓、弥生時代終末期（250年頃）築造の1号王墓、古墳時代前期初頭（3年）の2、3、4号王墓が発掘されている。弥生時代後期初頭（紀元1年）に築造された5号王墓は平原女王の4、5代前のご先祖だ。1号王墓を原田大六先生の説通り、天照大神の墓とすると、その4、5代前のご先祖は『古事記』、『日本書紀』の神話の世界だ。考古学的に調査を期待するしかない。

1号王墓主体部の方位方向、周辺の山塊地形を見回してみよう。お墓主体部には割竹型木棺を据えた痕跡が残っていた。棺材、遺体は残っていないが、木棺の向き方向、及び主体部を挟んで建てられた４本の柱と1本の大柱が一直線に並んで指し示す方向は意図的で、この延長線上に日向峠を望むことができる。稲作に必要な暦の代わりに高祖山から日向峠への日の出の位置で図る墓の主である女王の性格を物語っている。この日の出の位置を図るのは卑弥呼ではなく、ここまでの検討結果から、天照大神と判断するのが自然だ。

著者が先に述べたように築造年代から見てこの王墓に相応しい女王は卑弥呼か天照大神のふたりであるとしたが、結果は、天照大神であった。卑弥呼と同時代に生きた天照大神は神話にもなった実在した人物であったのだ。

伊都国は倭国大乱が収束して邪馬台国が共立された年代に、一大卒として対外窓口を務めた武力を兼ね備えた邪馬台国のナンバー2になった。伊都国は大きな働きをしたのだ。著者が、平原王墓の主とした候補者、卑弥呼も天照大神も倭国大乱の真っただ中の生まれであろう。

倭国大乱は紀元146年に一気に堰を切ったように始まったのではなく、小戦争、地域紛争が常態化していた長期間の戦争だというのが著者の考えだ。卑弥呼も天照大神も子供ながら、戦争の話を聞かされていただろう。どこの国が強くて、どの地域で最も激しい戦闘が行われているなどの情報に聞き耳をたてていたはずだ。

『日本書紀』、『古事記』の神話部分で、葦原の中つ国は天照大神の子が支配する国と支配権を委ねたにもかかわらず、荒ぶる神たちがいて、思うように事が進まない話が記されている。そこで葦原の中つ国を平定するために、武甕槌神が遣わされる。しかし、「遠い所の国では、まだ王の恵みが及ばず、村々ではそれぞれの長があって、境を設け相争っている。」と記して、神武東征に筆を進

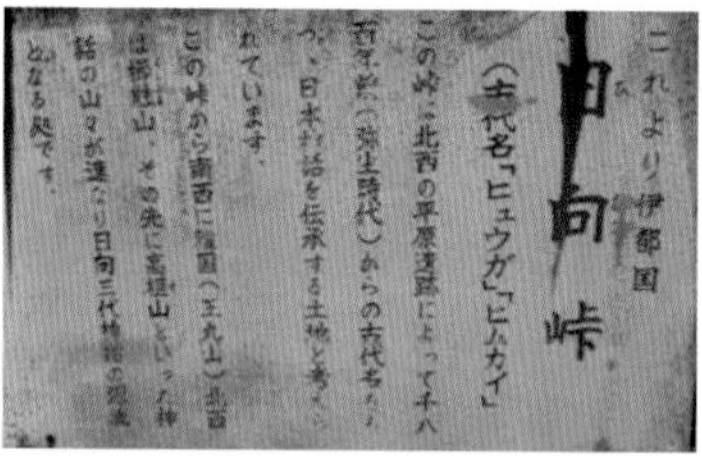

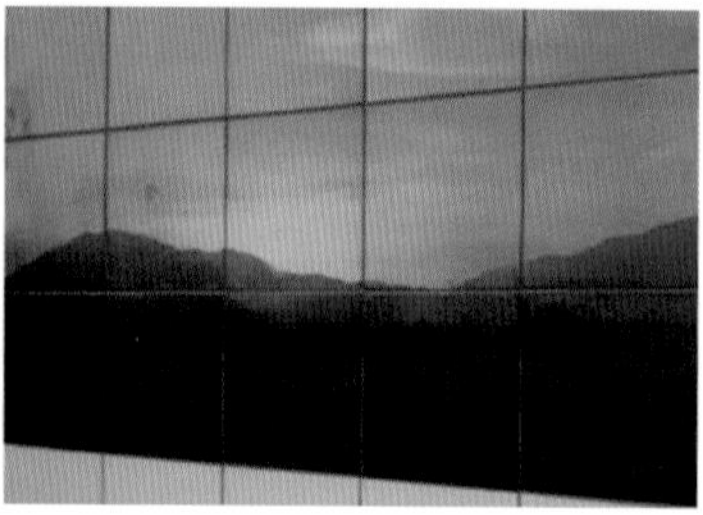

めている。平原王墓に眠る女帝は伊都国の歴史と自身の生前の権力から、伊都国の覇権の伸張拡大を期待し、東方への進軍を企画、遺言した可能性が高い。

■青谷上寺地遺跡（２４００〜２１００〜１７００年前）

鳥取県鳥取市青谷町青谷にある弥生時代の遺跡で、青谷平野には日本海に面した入り海があり、周りを海、山に囲まれ、自然豊かな渡来系弥生人の集落である。弥生時代前期末（２４００年前）には人が住み、後期初頭（２１００年前）に最盛期を迎え、古墳時代前期初頭（１７００年前）姿を消す。

典型的な低湿地遺跡のため弥生人の脳をはじめ多数の人骨、普通は腐ってなくなってしまうような植物系の遺物、中国大陸や朝鮮半島との交流を示すものなどが多数出土した「弥生の地下博物館」と呼ばれる貴重な遺跡である。２０１５年11月６日、プレハブの青谷上寺地遺跡展示館に入った。素晴らしさに目を見張った。もらえるパンフレットをすべて頂戴し、入館者も少なくスマホを駆使し撮影した。展示館の年表では紀元1年頃に鉄器の使用を明示している。また、殺傷痕のある人骨は倭国大乱の紀元１７０年頃に表示している。溝に打ち捨てられた１０９人の中には病気の痕を残した人骨も見つかった。この１０９人は鋭い刃物で骨まで傷付いて殺傷されたことから倭国大乱（紀元１４６〜１８９年）の犠牲者である。１０９人の犠

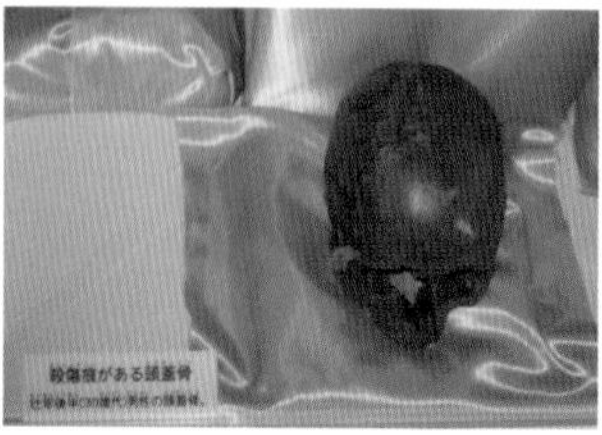

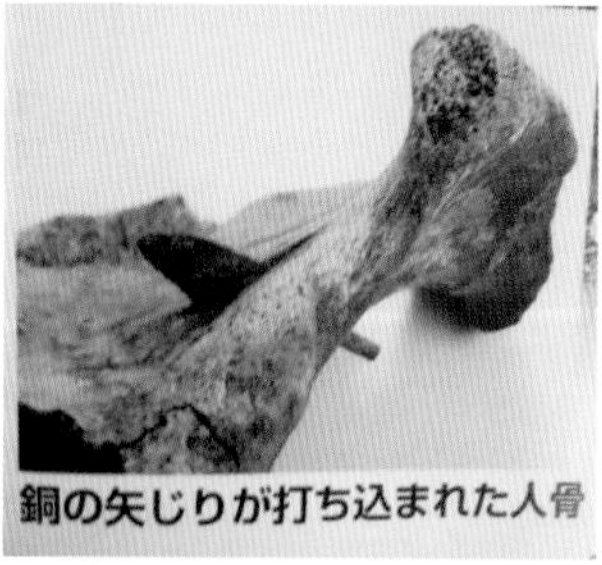

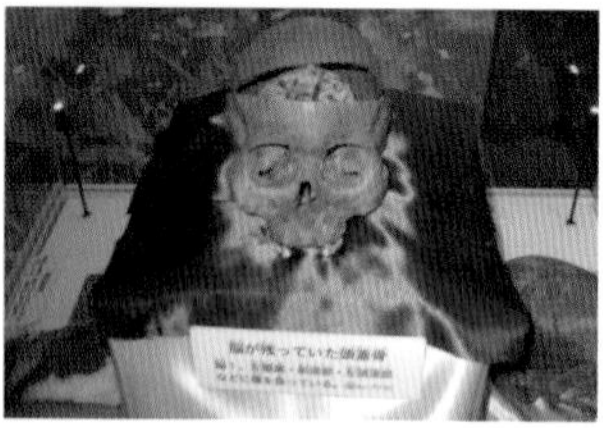

鳥取市青谷上寺地遺跡展示館にて撮影

牲者の中に銅鏃が刺さった骨が十数体分ある。銅鏃は青銅器文化があった北九州、出雲、近畿が出所であろう。襲撃者を出所３カ所から消去法で推理してみると、ずばり北九州だ。近畿は青谷上寺地集落との交易、交流はほとんどなく、畿内の土器数点が出土しただけ。では出雲か。青谷上寺地集落は出雲の青銅器文化に属していない渡来系弥生人の集まりであるが、出雲の本拠地は妻木晩田集落で年代的に約１００年のずれがある。しかも、青谷上寺地から50～60㎞の近さにあり、出雲は縁を結ぶ特技を北陸から近畿一円に発揮している実績があるように、年代が同じであれば襲撃などしないで縁を結んで仲間に取り込む可能性の方が高いであろう。北九州がなぜこんなところまで襲撃に来たのか、詳細なことは何も分からないが、それが倭国大乱なのであろう、それに巻き込まれたこの集落はとんだ災難であった。

１０９体分の人骨の中で頭蓋骨３点に奇跡的に脳が残存していたことが発見された。脳は腐りやすく、世界的に見ても数例の発見しかなくきわめて貴重な発見で、日本最古の発見例である。一人の20代の女性の犠牲者の脳は、左頭頂葉部分の保存状態が良く、ＤＮＡ判定技術進化に備えてアルゴンガスで封入して冷凍保存された。

青谷上寺地は倭国大乱に巻き込まれた集落であるが、徹底破壊は免れ、その後１００年間存続した。

この集落の産業は、稲作、畑作、漁労などの食料生産はもちろんだが、輸入品の板状、袋状など色々な形の鋳造鉄斧からさまざまの鉄製工具製作がある。製鉄技術、鋳造技術はまだなく、

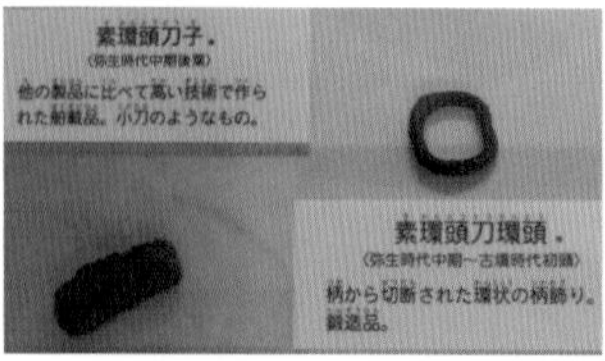

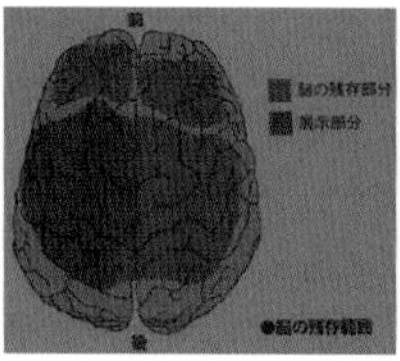

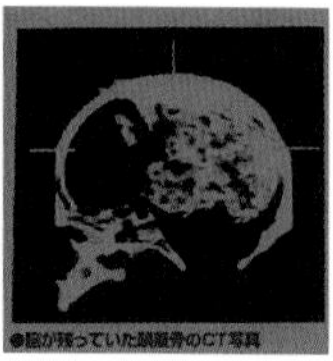

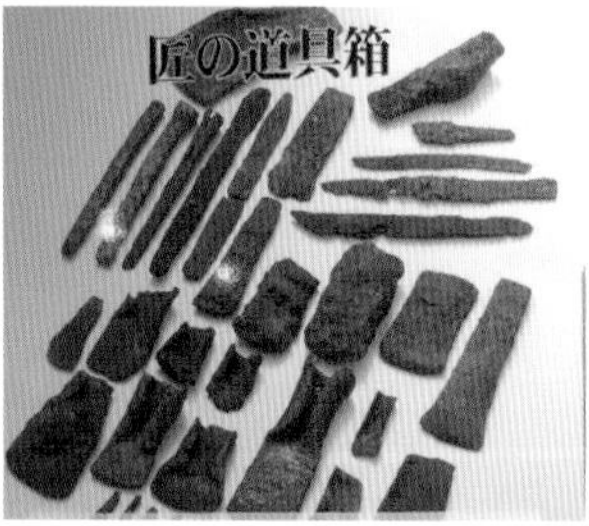

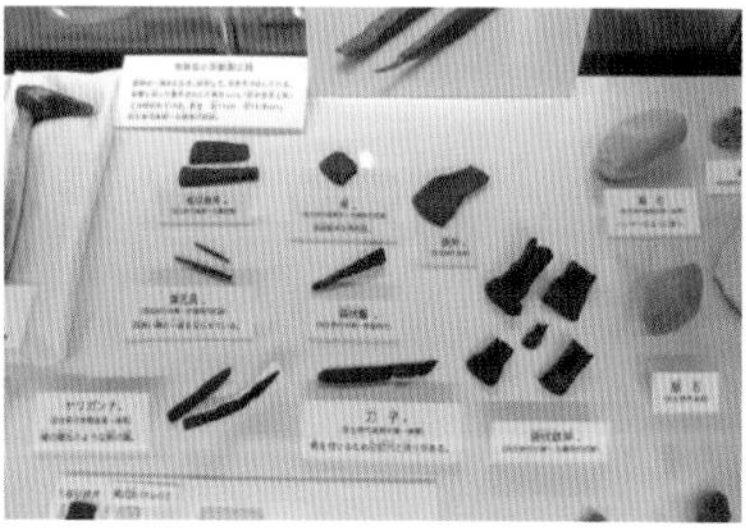

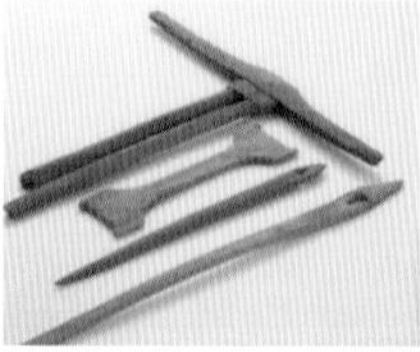

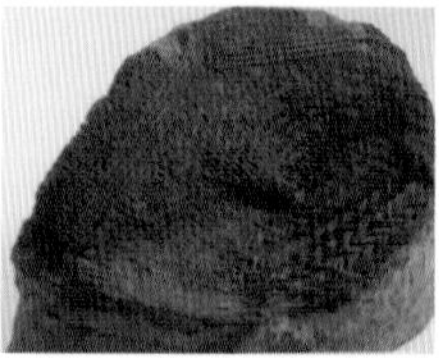

鳥取市青谷上寺地遺跡展示館にて撮影

もっぱら、鍛造と研磨により、そうした工具を製作していた。それら工具を駆使して木製品の農耕具、漁撈具、建築部材、骨角器、玉作り、木工製品（花弁高坏など）作りなど手工業が盛んだった。また、新たな織物技術を大陸から導入し、絹と麻の織物を作っていた。絹織物が出土している。「かご」が約70点出土、「網代編み」、「巻き編み」などが確認された。青谷上寺地の手工業の匠は、木工製品だけでなく、漆塗壺と蓋、網籠などを製作、交易に使った。

玉作りは弥生時代中期（２２００〜２１００年前）、石川県八日市地方遺跡から菩提系碧玉という管玉用原石と製作技法を言わば輸入し、弥生時代後期（２０００年前）以降、管玉製作を自前で実施して北九州へ加工貿易の形で輸出している。この原石の供給元である八日市地方遺跡が衰退して原石の流通が停滞すると玉作りはやめて木工製品を輸出した。青谷上寺地集落の人々は、手工業技術に長けていたので、それらの製品をもって北陸地方、北九州など西に東に交易した。日本海沿岸航路の交易拠点だったのである。また、朝鮮半島の品物、中国の品物も入手しているので、時には日本海を渡っていたこともあったと思われる。渡海交易の目的は鉄であろうと思われるが、手工業品を鉄器と交換していた主たる交易相手は北九州であった。

青谷上寺地は渡来系弥生人の集落であるだけに、吉凶を占う卜骨占いが盛んで、２５０点以上のシカ、イノシシの焼けた肩甲骨が出土した。日本各地の遺跡の中で抜きんでた一位だ。

弥生時代前期末（約２４００年前）、中国では呉越の戦いに敗れた呉の滅亡（紀元前４７３年）、また、越は紀元前３３３年頃、楚に滅亡させられて難民が発生し、彼らは朝鮮半島を南下して、呉越の故地に似た気候、風土を探し、数十年、１００年、２００年掛けて日本に漂着したことは奴国の項で述べた。青谷上寺地の地には弥生時代前期末（約２４００年前）頃から呉の難民が漂着した。その時に持ってきたものと思われる朝鮮半島系無文土器、中国でも珍しい銅銭で紀元14～40年の26年間だけ発行された貨泉、前漢の鏡で破鏡の星雲文鏡が出土している。これらは弥生時代終末期（約１８００～１７５０年前）に集落広場付近の溝に破棄して埋められたと特定されている。日本に漂着してから弥生時代終末期までの長い年月、家宝として大事に子孫に伝えたものと思われる。青谷上寺地集落が姿を消した時期である。星雲文鏡は福岡県の須玖岡本遺跡と、ここ青谷上寺地以外では出土していないもので、呉の難民が漂着した海岸を示していることになる。漂着して、住み始めて土地の縄文人に狩猟採集、漁撈などを教えてもらい、食わせてもらい生き延びて、呉の技術を教え、混血して渡来系弥生人の集落に発展していったと推定される。

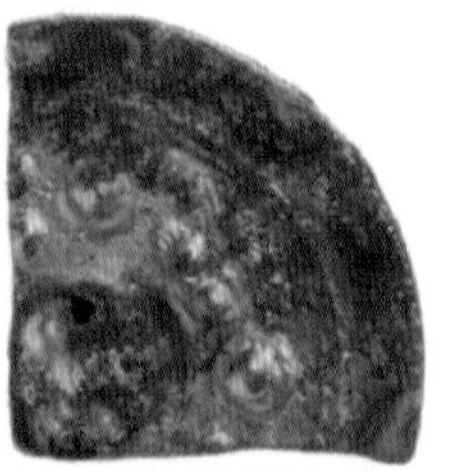

1／4の破鏡、親戚同士の家宝

鳥取市青谷上寺地遺跡展示館にて撮影

出雲国

■妻木晩田遺跡（2000～1700年前）

鳥取県立むきばんだ史跡公園（西伯郡大山町妻木）は、弥生時代後期前半（約2000年前）～古墳時代前期初頭（約1700年前）の遺跡で、900棟以上の建物、30基以上の墳丘墓が出土した大集落遺跡、四隅突出型墳丘墓（いわゆるヒトデ型）が見つかっている。美保湾を一望する高地に立地し、環濠が張り巡らされ、遺跡面積は156ヘクタールに及ぶ大規模なもので佐賀県の吉野ヶ里遺跡（約117ヘクタール）を凌ぐ。妻木晩田集落はその規模、高地性環濠付きということから、出雲国の首都であったと考えられる。ここは、しかし、東出雲と呼ばれる地域で、西出雲とは距離にして、数十キロメートルから100㎞ぐらい離れており、「クニ」としてのまとまりを求めるのは難しいだろう。この史跡公園展示館には、ムラのはじまり（紀元前1世紀～、紀元後1世紀前半）、首長墓の出現（紀元1世紀後半）、ムラの世紀前半と年代ごとの集落の栄枯盛衰が追える展示説明と、庫と土屋根竪穴住居のある居住区、四隅突出型を含む洞ノ原墳墓群、王墓らしい1番大きな仙谷1号墓がある仙谷墳墓群、大型の竪穴住居跡や24本柱の方形建物、中国製の鏡が出土した王の居住地区など、発見された建物跡900棟以上、墳丘墓30基以上もある。四隅突出型墳丘墓は広島、山陰、北陸に分布しており、特に出雲に多く、出雲からの交流によって広まった様子が窺える。但し、出雲と北陸の間、丹

写真：むぎばんだ史跡公園

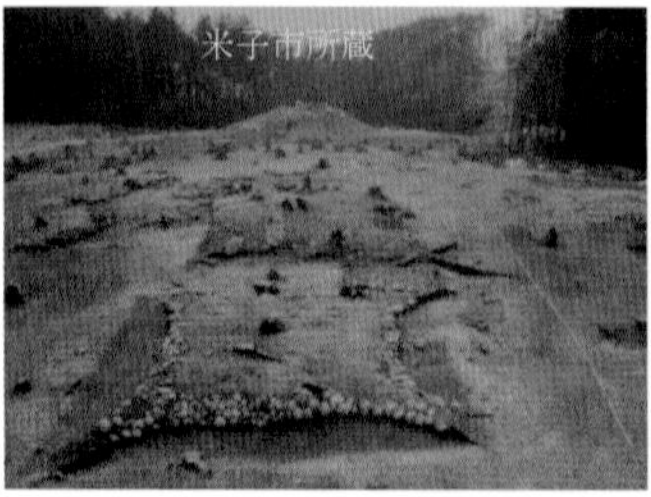

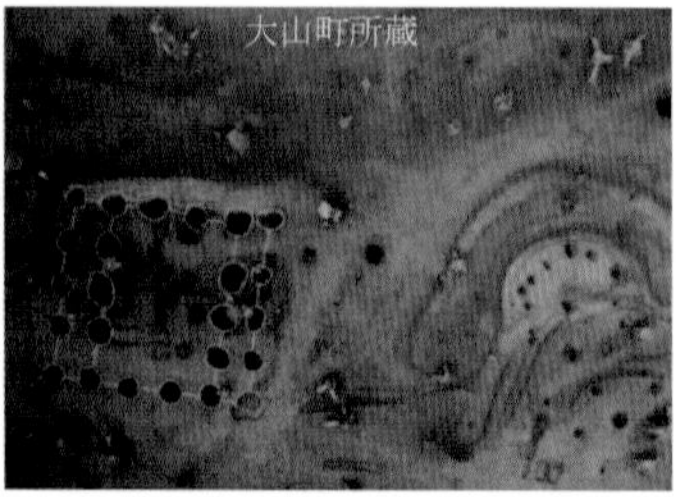

米子市所蔵　大山町所蔵

後、若狭には四隅突出型墳丘墓はない。

　鉄器生産は北九州から鍛冶の技術を導入し、ここ妻木晩田集落内で鍛冶工房を営んだ。鍛冶工房の床面には赤く焼けた炉の跡が見つかっている。金床石、敲き石、板状鉄素材、鏨《たがね》で切断された鉄器片などが出土している。弥生時代中期後半以降、九州、山陰、山陽、四国、近畿、北陸、尾張などに鍛冶関連遺跡が40カ所以上分布しており、鉄器の重要性は各地でしっかりと認識されていた。鉄器製品の出土遺跡も同様の地域40カ所以上ある。そんな中でも妻木晩田集落は、種々の鉄製品を生産し交易に精を出した。交易に巧みな出雲であるから、玉造り、管玉造りも交易のためだった。花仙山産（松江市）

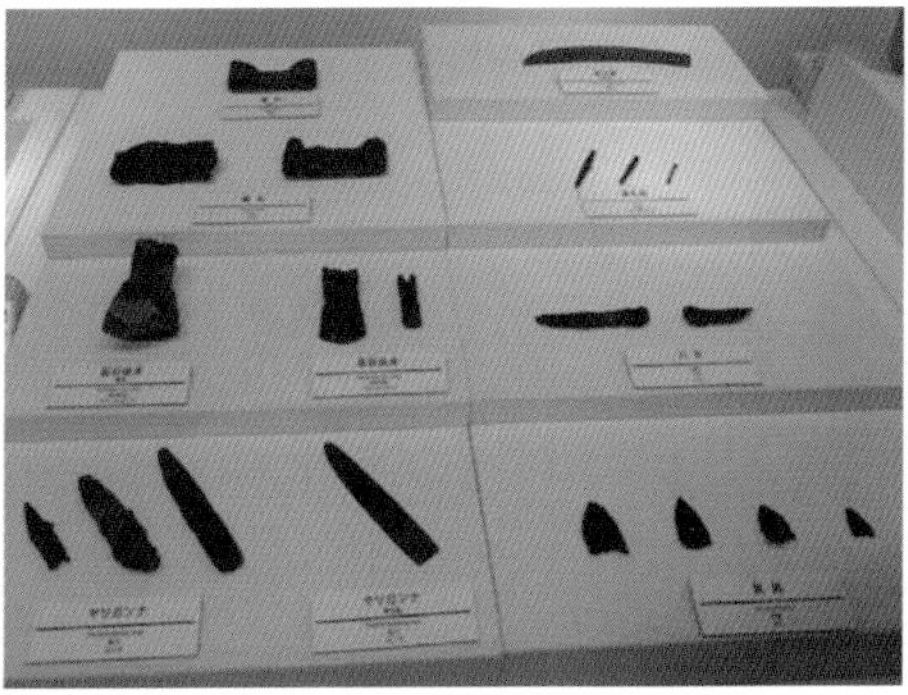

写真：むぎばんだ史跡公園

の碧玉などで玉、管玉を造り、北九州その他各地へ輸出し、それと引き換えにガラス玉や水晶玉と交換した。日本海沿岸を西に東に頻繁に交易して、巧みに縁を結ぶことを得意技とした出雲は、西方の北九州は技術先進国だから玉類の装身具を交易品とした。越の国では稲作指導、四隅突出型墳丘墓の導入などで交流した。近畿圏、特にヤマトには出雲の祭祀、磐座信仰などを紹介、浸透していった。そのように縁を結んできた交易・交流相手国を含めた勢力圏は北九州勢に匹敵する、あるいは、凌ぐほどの力を蓄えてきていた。

邪馬台国登場の時代に縮小に入った妻木晩田集落の350年にわたる栄枯盛衰は、倭国大乱、邪馬台国共立、卑弥呼の死亡と軌を一にして衰退の道に入った。妻木晩田集落は破壊された遺跡として今日に至っている。まさに、『日本書紀』巻第二　神代　下の「葦原の中つ国の平定」の通り、妻木晩田集落は武甕槌神によって取り上げられ破壊されてしまったのだ。これがいわゆる「国譲り」であった。

■加茂岩倉遺跡（2300〜2000〜1950年前）

2015年11月4日に訪問、見学。岩倉という地名は、縄文からの巨石信仰の磐座《いわくら》から生まれたものだが、出雲は巨石信仰が色濃く残った地方である。島根県雲南市加茂町岩倉の、弥生時代中期（約2300年前）〜後期前半（約2000年前）にかけて主に鋳造されたと推定される銅鐸が丁寧に埋納された遺跡で、農道工事現場で発見された。埋納時期は弥生時代後期前半（約1950年前）である。1個か2個の小型銅鐸の埋納ならば大きなニュースにはならないが、30～45㎝大の大型銅鐸が1カ所に埋納され、小型を入れ子にして計39個も出て来たことから、発見直後に大々的に新聞を賑わし有名である。神話の国出雲に降って湧いたような考古学的現実に、人々はあっと驚くと同時に出雲の国のイメージを一新させられたのだ。これらは一括して国宝となっている。39個のうち1個は、淡路島松帆で埋納が発見された7個の銅鐸と同じ鋳型で鋳造されたものと判明した。含有の鉛成分分析結果、紀元前4～2世紀前半の朝鮮半島製と判明した。著者は、出雲と淡路島が単に交易で同じ鋳型からの銅鐸をお互いがそうとは知らず持っていたのではなく、出雲が朝鮮

加茂岩倉遺跡出土銅鐸

加茂岩倉遺跡にて撮影

から仕入れて、知っていて共有したという提携関係があったと考えている。現場を見ると、農道開削をするために左右の急斜面を削り取り、法面整形しようとしていた部分からこれら銅鐸が発見されたので、そのままに、展示保存したようだ。こんな斜面に丁寧に埋めてあったので、まさに埋納である。現物の14個は銅鐸の鈕と呼ばれる吊り手部分に何かを意味する「X」印の刻印があり、謎を呼んでいる。荒神谷遺跡で発見された銅剣にも、出土した３５８本中３４４本に加茂岩倉の埋納銅鐸と同じ「X」印が銅剣の茎《なかご》刻印されている。著者は荒神谷を見て謎を解明した。埋納の時期は、倭国大乱の前、邪馬台国登場前である。埋納数から考えると、埋納は首長など権力者の指示である。銅鐸は農耕祭祀の道具で、農耕民が祭祀の主役だ。集落の長老が司祭だが、農耕民が集まってくれなければ、祭祀にならない。各集落の長老と農耕民が銅鐸を吊り下げた祭祀の場所へ集まり、銅鐸を鳴らして農耕の神に豊作を祈る。銅鐸は集落の所有物、1集落に1個が基本で、多くて2〜3個だろう。現代のお祭り神輿は町内会に1基ずつだ。埋納数39個の意味は39集落のことだとすれば、最高位にいる首長がそれらを一気に埋納するとの号令を出して、農耕祭祀に銅鐸を使う儀礼が終わったことを各集落の長老たち

加茂岩倉遺跡出土銅鐸

に宣言したのだろう。農耕祭祀を執り行う季節、時期は、自ずから39集落とも同じで、首長が天に祈りを捧げて決めていたのだろう。この権力者は、時代が、神を呼ぶ祭祀が銅鐸から鏡に代わってきていることに倣ったのであろうか？　あるいは、今まで集落の長老中の長老であることに満足していた首長が権力者として目覚め、権力を振るうことの重要性に気づいたということであろうか？　出雲には39集落も取りまとめる首長、ほとんど王がいたことになる。

この銅鐸の丁寧な埋納は、出雲だけではない。畿内地方でも青銅器埋納が出雲に遅れて行われたが、出雲ほど一括、大量ではない。特に近畿地方生産の銅鐸は、小型の鳴らす銅鐸から大型の見る銅鐸に変わっていった。先進地域であった九州では青銅器が王墓の副葬品になったが、まとまった埋納はなかった。九州ではもうすでに国が生まれていてそれぞれにすでに王がいた。社会変動が九州から東へ押し寄せてきていたのである。

■荒神谷遺跡（１９００年前）

島根県出雲市斐川町神庭西谷にある遺跡で、２０１５年11月4日に訪問、見学した。ここは西谷四隅突出型墳丘墓遺跡及び加茂岩倉銅鐸埋納遺跡にそれぞれ数キロメートルの範囲内にある、いわば『出雲国風土記』の中心地である。その『出雲国風土記』に記載の神名火山（現仏教山）の谷斜面で３５８本の銅剣、16個の銅矛、６個の銅鐸（うち1個は淡路島松帆で埋納が発見された7個の銅鐸と同じ鋳型で鋳造されたものと判明している）が丁寧に埋納されているのが発見され、発見当時、日本古代史の最大の発見と脚光を浴びた遺跡である。日本の青銅器文化圏は、和辻哲郎博士提唱の二大青銅器文化圏、一つは近畿中心の銅鐸文化圏、もう一つは北九州を中心とする銅剣、銅矛、銅戈の文化圏が定説となっていたが、出雲を入れて三大青銅器文化圏と変えざるを得ない。しかも、銅剣を大量に埋納した例は日本全国絶無である。発見された銅剣はすべて中細型C類と呼ばれる長さ約50㎝の出雲型銅剣（地元生産品）、銅矛は長さ70～84㎝の北部九州産、銅鐸は紀元前の古い高さ20㎝余りの小型品で、出雲はこれほどの青銅器生産能力を持っており、かつ、北部九州産の銅矛を手に入れる縁者を北部九州に持っていたことを示していると著者は考えている。埋納された銅剣はすべて出雲の青銅器生産工房のもの、すなわち首長の持ち物、北九州から手に入れた銅矛も交易することのできる者の持ち物、銅鐸は紀元

国（文化庁）保管
島根県立古代出雲歴史博物館提供

出雲弥生の森博物館提供

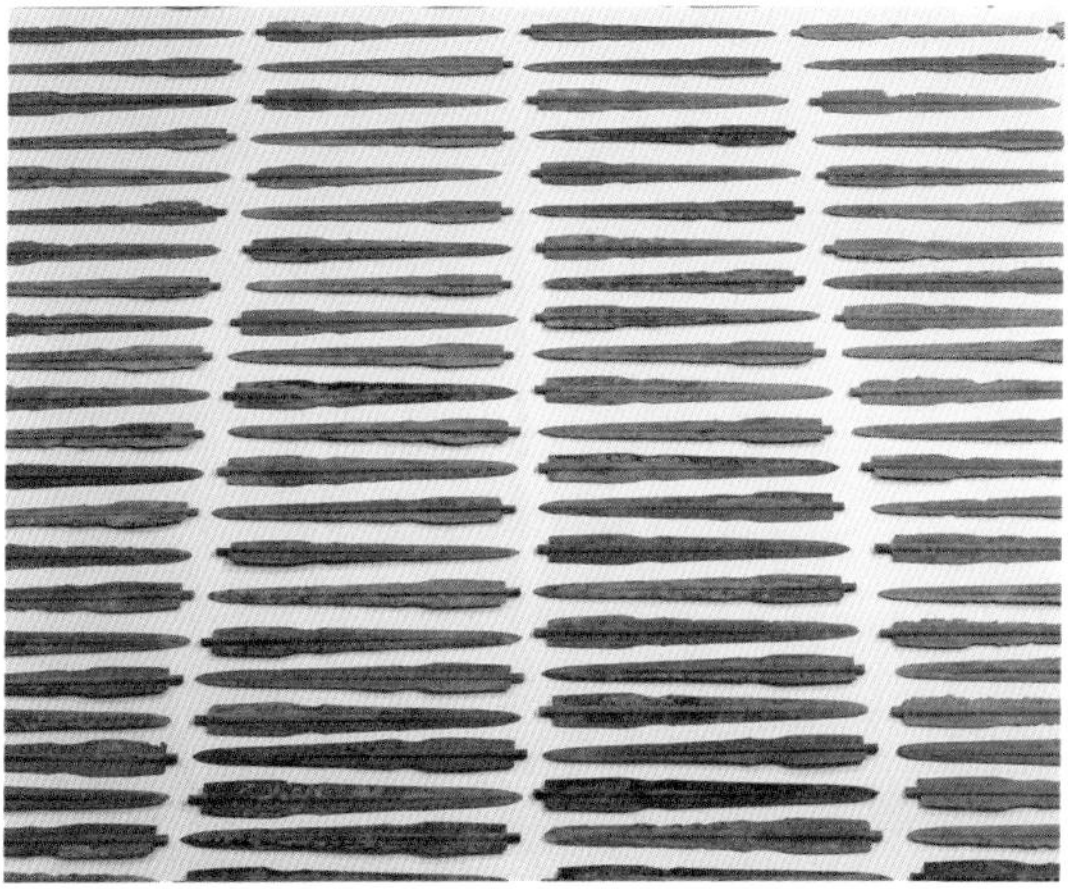

国（文化庁）保管
島根県立古代出雲歴史博物館提供

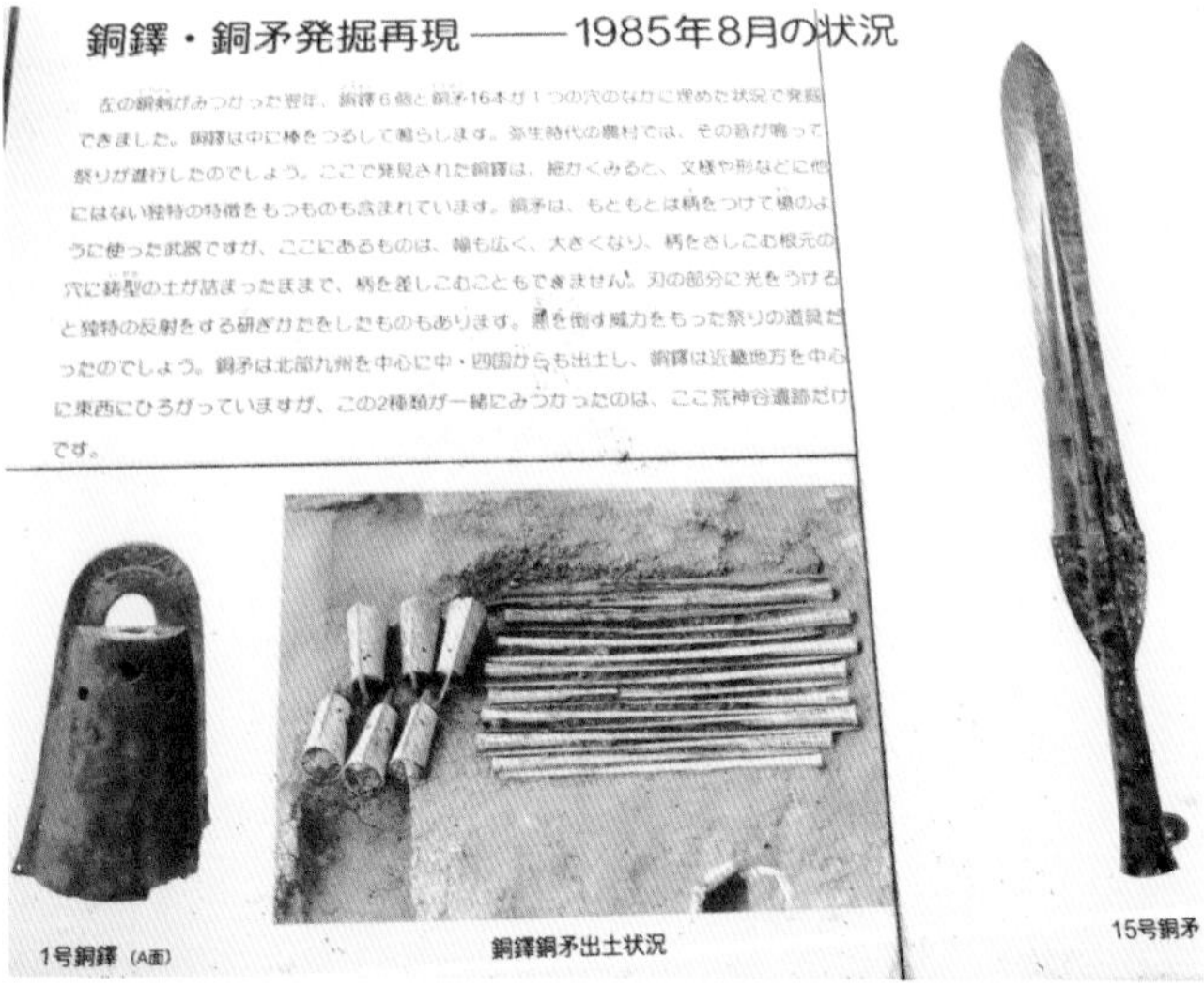

出雲弥生の森博物館提供

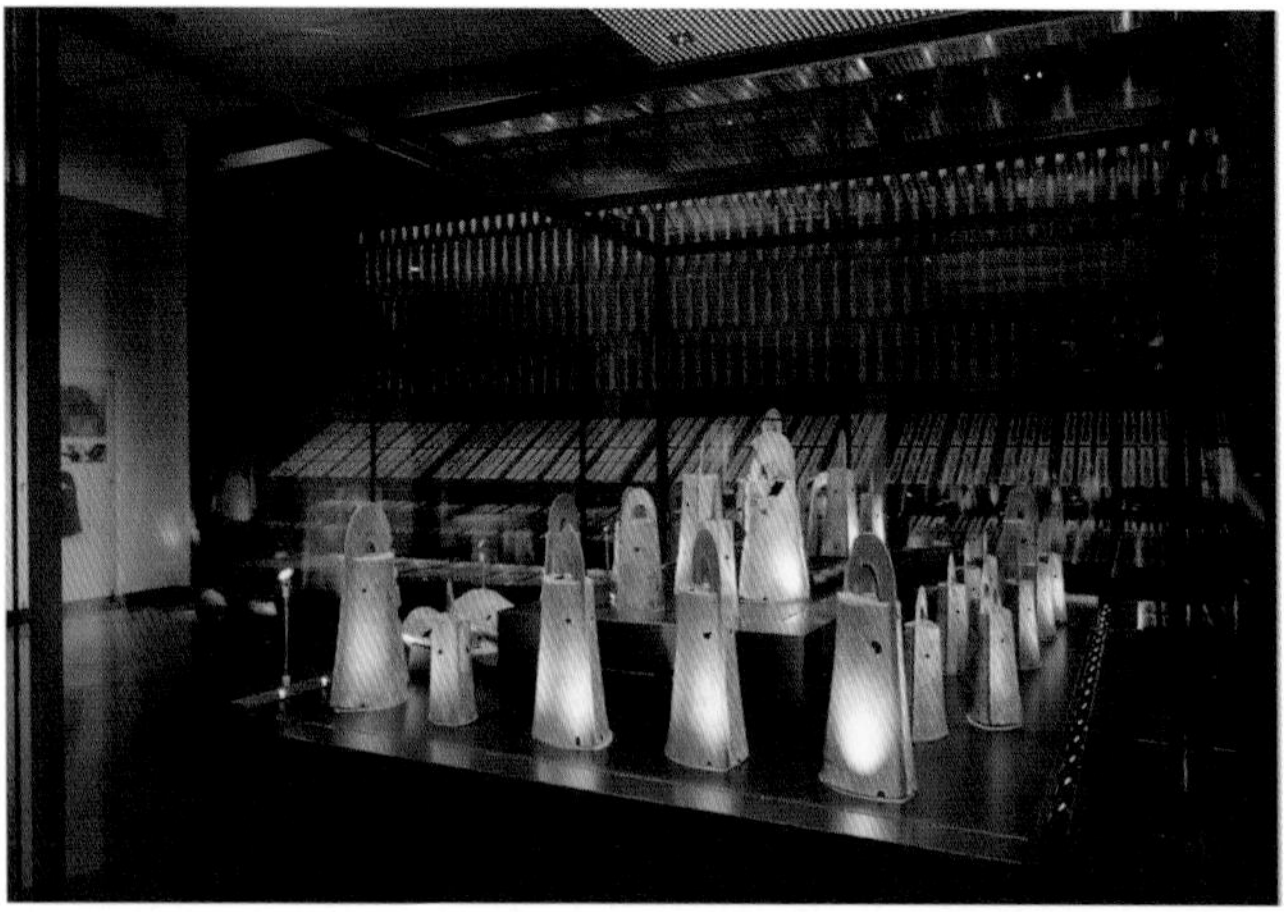

国（文化庁）保管
島根県立古代出雲歴史博物館提供

前の古い型を持ち続けてきた者の持ち物と想定するとすべて首長の持ち物を埋納したと考えられる。著者は、加茂岩倉遺跡の場合は各集落の持ち物である銅鐸を首長の号令で集めて埋納したのだと考えた。この考えの違いは、銅鐸は農耕祭祀の道具、銅剣は病気、災厄を打ち払う厄除けご祈禱に使う道具と化したが元はといえば武器、という違いに着目したからである。事実、銅矛は刃部の綾杉文様が研ぎ出されていたように、銅剣も同じで、研ぐことで即、武器となる。出土した３５８本中３４４本に加茂岩倉の埋納銅鐸と同じ「Ｘ」印が銅剣の茎《なかご》刻印されている。刻印「Ｘ」印は、考古学上謎のままになっているが、加茂岩倉遺跡とここ荒神谷遺跡とを見学して色々と考察してきた著者は、単なる識別のための刻印で、「Ｘ」印は首長の持ち物だったことを示しているだけと考えている。埋納を傘下集落に号令した手前、率先垂範する必要があり、３５８本中３４４本を識別できるようにして供出し、力の保持を見せつけ、覇権者、王であることを高らかに演じたのだ。「Ｘ」印は、実は、王と臣民の世界が始まったこと、共同共存社会の長老とその構成員との関係が終わったとの社会変動の印だったのだ。

　各地の首長の墳墓には青銅器を数点副葬する例が見られるが、ここ荒神谷遺跡のような大量埋納は全国的に例がない。出雲は日本各地に前例がないことを独自にできる一大勢力となっていたのである。これら発見された青銅器はすべて国宝指定され、古代出雲歴史博物館に収蔵されている。３５８本のまばゆく黄金色に輝く銅剣は必見の価値があると著者は感動した。年代的に、埋納は邪馬台国、倭国大乱（約１８５０年前）以前である。

■西谷四隅突出型墳丘墓（1850〜1600年前）

西谷墳墓群は弥生時代後期後半（約1850前頃）に出現し、古墳時代中期初頭（約1600前頃）にかけて総数32基の墳墓が築造されて終焉した墳墓群の遺跡である。墳墓は円墳、方形墳、四隅突出型（ヒトデ型）墳があり、中でも4基の大型の四隅突出型墳丘墓がこの地に集中していることから出雲国の王たちが葬られたと考えられる。四隅突出型墳丘墓とは、弥生時代中期以降、出雲、山陰、北陸地方で行われた墓制で突出部に葺き石や小石を敷き詰める墳墓形態である。弥生中期後半の広島県三次盆地に最も古い例が知られる。弥生後期後半から山陰、少し遅れて北陸、能登で造られている。北陸では福井、石川、富山市（杉谷4号墳）の8基が確認されている。源流は確認されていないが、島根県、鳥取県に最も多く分布している。中でも出雲が主流

出雲弥生の森博物館提供

で北陸方面へは出雲が広めたものと考えられている。西谷には円墳、方墳、横穴墓などがあり、四隅突出型墳丘墓後も500年間墓地として存続した珍しい遺跡である。四隅突出型墳丘墓では、2、3、4、9号墳はいずれも出雲の代々の王が葬られた全国でも最大級の四隅突出型墳丘墓である。3号墳（弥生時代後期後半〈約1850年前〉）には大小八つ以上の墓穴があり、そのうちの第4主体と第1主体の墓穴は長さ6m以上ある巨大なもので木棺には多量の水銀朱がまかれ、第1主体でガラスのアクセサリー200個以上、第4主体で鉄剣や首飾りが副葬されて

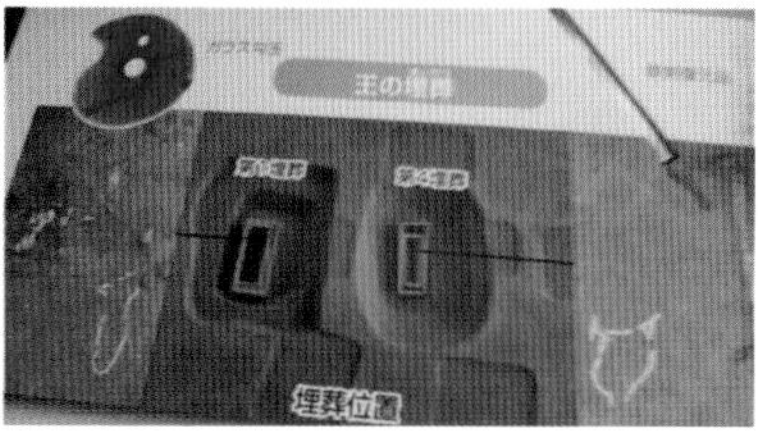

島根大学考古学研究室蔵

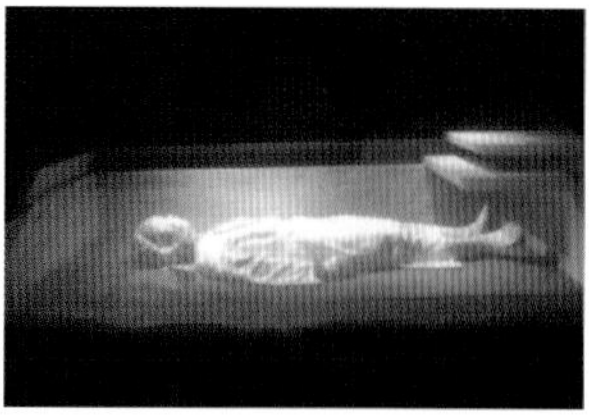

出雲弥生の森博物館提供

いた。女王と王の墓である。また、山陰各地、吉備、北陸各地の土器、器台が300個以上も出土していることから、遠く離れた各地から多くの参列者がいた様子がうかがわれる。葬送の儀を行った木柱のある第4主体からは儀式の様子が復元された。木柱がない方の墳墓は女王である。この3号墳の主が出雲国でこの地を墓地と定めた初代の王である。約1800年前、神話の国、出雲に王が生まれ、出雲国となった。この墳墓と盛大な墳丘上の葬儀に相応しい出雲の王は誰あろう大国主命しか推量できない。と言うか他の名前は思い浮かばない。

王位継承者2代目は、これも巨大な四隅突出型墳丘墓である西谷2号墳に眠っている。3号墳と同じく水銀朱がまかれ、ガラス腕輪が副葬されていた。出雲国といえば「国譲り」神話で誰でも知っている大国主命、その子供は事代主命、建御名方命である。初代、3号墳が大国主命、2代目2号墳は事代主命、建御名方命はここには眠っておらず、武甕槌神に追われて出雲から逃げ、北陸から諏訪に入って諏訪大社にいる。

出雲が縁を結んだ越の国は富山市の四隅突出型墳丘墓の杉谷4号墳に限らない。斐太神社のある妙高市宮内の斐太遺跡では稲作を指導し

ている。斐太神社の主祭神は大国主命、事代主命、建御名方命である。大国主神は糸魚川では奴奈川姫と結婚している。建御名方命は出雲で行われた国譲りの談判の際、大国主命、事代主命からすべてを託されたけれども、武甕槌神に負けて東方へ逃げた。途中で糸魚川にいる母親の奴奈川姫と合流し、姫川沿いに糸魚川街道（松本街道）を南下して、諏訪に入り降参して国譲りがなったという有名な神話である。

著者は、西谷四隅突出型墳丘墓遺跡の考古学的遺物から考えられる推論と、国譲り神話と糸魚川の奴奈川姫伝承が、一つの焦点に重なり合ってきた不思議さに驚いている。

吉備国

■楯築遺跡（1800年前）

岡山県倉敷市、吉備の国にある弥生時代後期後半（約1800年前）の墳丘墓である。全長194mもある弥生時代最大規模の吉備国王墓で、倭国大乱（紀元146〜189年）後に築造された。ここは倉敷市によって3地区の古墳群史跡を広域的に整備した「王墓の丘史跡公園」の中の一つで楯築地区（国指定史跡）である。他の2地区いずれも古墳群だが、弥生墳墓である楯築遺跡以外は古墳時代後期（紀元6世紀後半頃）の古墳群で総数は60基もある。楯築墳丘墓の王の威光が紀元6世紀まで及んだということである。この墳墓遺跡は団地造成工事及び給水塔工事で大きく破壊されたが、墳頂の5個の巨石は往時を彷彿とさせる姿で残り、墳頂下の二つの埋葬は無事に発見された。中心部の木棺は厚く朱がひかれたこの墳丘墓の主人公のもので、遺体は腐ってなくなっていたが、歯の欠片二つ、鉄剣、首飾り、小管玉、ガラス小玉が副葬されていた。遺体は木棺に入れられ、木槨に覆われていて、その上に埋葬の祭りに使われた大型の華麗な特殊器台型土器、高坏、土製の勾玉・管玉などを壊してばらまいて覆うという埋葬であった。もう一つの埋葬は誰のものか判明していない。

　ここ楯築遺跡からは吉備に特有の特殊器台、特殊壺の破片が墳丘の各所から出土している。吉備国は、特に南部がこの時代では内海となって吉備穴海とか吉備内海と呼ばれる水運に恵まれた正面の瀬戸内海、背後を防御する

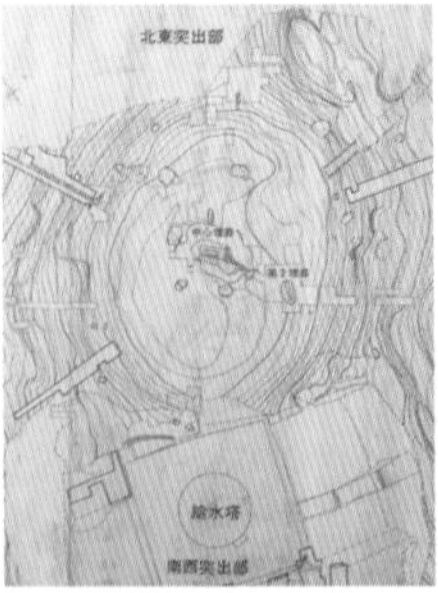

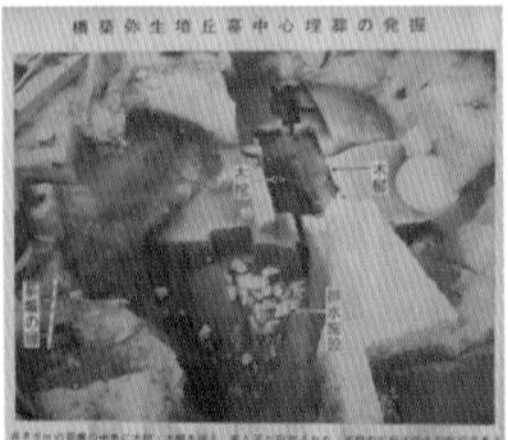

中国山地、域内に高梁川、足守川が流れ、肥沃な沖積地を持つという自然環境に恵まれた立地であった。気候も良く、水運を活かしていち早く北九州から稲作を取り入れて弥生時代後期の一大勢力となっていたのである。

なお、吉備国と言えば特殊器台型土器と言うほどこの土器は有名であるが、これは前方後円墳を飾る円筒埴輪のもととなったと考えられている。また、楯築墳丘墓の形は、直径50mの円墳の左右に72mの方形部が備わった変わった形式であるが、方墳部は壊されていてそれとは解らなかったものの、この形式は双方中円形弥生墳丘墓と名付けられ、大和朝廷の前方後円墳のもとになった墳墓という考察がある。年代的に邪馬台国の卑弥呼が亡くなる前に築造された墳丘で、九州から大和まで熱く沸騰していた時代のことであった。

楯築墳丘墓を見学し終わったので、次の目的地、出雲へバイクを走らせる。吉備路風土記の丘県立自然公園の大吉備津彦命御陵と伝わる中山茶臼山古墳辺りが、のどかな田園風景の吉備路への入り口である。この先の聖武天皇の備中国分寺、国分尼寺があったところ、今は江戸時代初期に再建された壮大な五重の塔を持つ寺に立ち寄った。そしてまた、桃太郎伝説の山城「鬼ノ城」にも立ち寄り、後は出雲を目指して高梁川沿いの国道

180号線を北上、米子へ出るか、途中で西へ曲がって国道314号線に乗り換えて奥出雲、雲南市、出雲市へ向かうかを考えた。米子市方向から東出雲へ向かうのであれば「八雲立つ風土記の丘」へ行くことになる。一方、西出雲方向へ向かえば、まだ見ていない西谷四隅突出型墳丘墓群へ行こうとなる。大国同士の吉備国と出雲国の関係性、仲が良いのか悪いのか、中国山地の険しさ、出雲国の日本海航路における自由奔放な活動に対し、吉備国の瀬戸内海航路の堅守、北九州と畿内との間でこの両大国の運命は？　著者の頭の中はぐるぐる回った。

話を元に戻して、楯築墳丘墓から見える近さに造山古墳、全国第4位の大きさの前方後円墳があった。全長は約350mもある。吉備国の強大な首長の後継者が前方後円墳に眠っているのである。これは天皇陵墓が全国1、2、3位を占めているので、天皇陵を一括りで全国1位とすれば倭国2位の巨大古墳ということになる。すなわち、当時、ここはヤマト王権に継ぐ倭国第2位にランクされる首長国で、出雲が第2位ではないということは、出雲がヤマト王権の敵性首長国であるという状況証拠であろう。吉備系の神社は全国に散らばってはいないというより絶無である。しかし一方、出雲大国主命系神社は奈良を含み全国各地に幅広く鎮座している。出雲を除けば、北九州か吉備が全国2位にランクされる首長国だが、吉備は後にヤマト王権の主となる天皇家祖先の瀬戸海道筋上の大の味方だったのであろう。

邪馬台国

■纏向遺跡（１８５０〜１７５０年前）

奈良盆地東南部桜井市にあり、弥生時代後期後半（約１８５０年前）から古墳時代前期前半紀元３世紀前半〜中頃の大規模な４棟の建物群が軸線を揃えて東西に一直線に並んでいる遺構が見つかった。立地は企画性が高く、建物はこの時代最大で邪馬台国女王の居館ではないかと言われている。大型建物（紀元３世紀前半）南北約19・２ｍ、東西約12・４ｍの南５ｍの穴からＡＭＳ炭素14年代測定法により、紀元２世紀末から３世紀前半の桃のタネが約２８００個出土した。未成熟の果実のタネが多く、食用ではないとみられている。

纏向遺跡地域には有名な箸墓古墳や纏向石塚（木製の仮面が出土）、矢塚、勝山、東田大塚、ホケノ山、南飛塚、桜井茶臼山古墳、メクリ1号古墳など最古の古墳とされる古墳群があり、弥生時代に墳丘墓と呼ばれた首長のお墓が、古墳と呼ばれる起点になった。箸墓古墳から出土した土器片は天理市にある布留古墳より最初に発見された土器で、その後発見が続いたことより布留０式（紀元３世紀

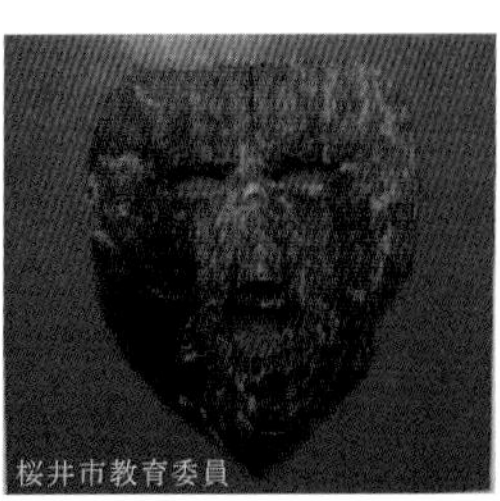

桜井市教育委員会所蔵

中頃〜4世紀前半）と呼ばれている土器で、古墳年代を測定する基準となっている。特に箸墓古墳の年代特定には重要である。纏向遺跡の範囲は未だよく分かっていないが、纏向周辺の4世紀造営の古墳から邪馬台国を想起させる興味深い副葬品が出土している。桜井市の北に隣接する天理市柳本地区には紀元4世紀前半に造営された黒塚古墳があり、『魏志倭人伝』に卑弥呼に贈った銅鏡百枚とされる三角縁神獣鏡（別名：卑弥呼の鏡）が33枚も出土したので、この地域は纏向遺跡の範囲内と想定される。他にも4世紀後半築造の東大寺山古墳（天理市櫟本《いちのもと》出雲系和珥《わに》氏の拠点）から中平（184〜189年）銘鉄刀を含む29本もの鉄刀・鉄剣が出土した。『中平』（184〜189年）銘鉄刀は倭国大乱後半の時代に中国で造られた刀で全長110㎝の刀身の棟に後漢の年号『中平』が金象嵌された日本最古の紀年銘入り考古資料と言われるもので、どのようにして日本に入ってきたのか分かっていない珍しいものだ。この東大寺山古墳も纏向遺跡の範囲内と判断できる。

　奈良県橿原市の瀬田遺跡では前方後円墳によく似た形の弥生時代末期（1850年前）の周溝墓跡が見つかった。溝から出土した土器の破片から紀元2世紀後半の築造と判断された。奈良文化財研究所の発表によれば、墳丘部直径は約19m、突出部を持ち、幅約6mの周溝が墳丘部を取り囲んでいる前方後円墳の原型を彷彿とさせる形である。瀬田遺跡の墳墓は卑弥呼の前の世代の首長墓であろう。倭国大乱の後半に亡くなった唐古・鍵の首長墓と考えるのが妥当だろう。著者は、橿原市の瀬田遺跡、纏向遺跡、唐古・鍵集落はすべて5㎞の範囲内にあるので、唐古・鍵の守備範囲内、すなわち、彼らの敵性集団がこれらの構造物を造ったのではなく、唐古・鍵集落自身のものであると考える。纏向遺跡からの出土品は地元の奈良に限らず、九州、関東など各地の土器もあり、一方、農耕具などが少ないことから纏向は農村ではなくて、政治、祭祀を執り行ういわば中央執行機関がおかれた都市である。纏向が日本列島における「都市の出現」の起点となった。纏向は自然発生的に誕生したのではなく、人工的、計画的な建設が行われていたようで、周辺の古墳分布状況などから総合的に判断すると、唐古・鍵の副都心計画、中頃から建設が始まり、大乱で中断しながらも継続、そして、邪馬台国をヤマトに建国することが決まったことを受けて、唐古・鍵自身の計画が邪馬台国計画に昇格し、女王卑弥呼が住む首都になったと考えるのが妥当である。この考えを否定して別案を、例えば弥生時代末期の斯く斯くしかじかの集落遺跡であると捉える方がずっと難しい。

各「クニ」が邪馬台国を共立すると決め、卑弥呼はその盟主となることが決まって、伊都国から奈良へ移って邪馬台国の女王としていわば戴冠した。邪馬台国という九州のひとつの国が元あった「クニ」を捨てて丸ごと東遷してくることは、実

大阪府立弥生文化博物館所蔵

際上考えられない。北九州の覇権は伊都国が掌握した。近畿圏では、弥生時代中期中葉頃から、唐古・鍵が近畿圏の倭国のリーダーにのし上がってきていた。当時の唐古・鍵が近畿圏に影響を及ぼしたものは銅鐸の大型化であったが、鏡による祭祀は西から波及してきて九州以外の地域でも王権を持つ司祭の祭祀の道具となり、王の副葬品となり、銅鐸を駆逐してしまった。この鏡による祭祀は驚くほどの速さで流行の震源地であった北九州から近畿と言うよりは畿内ヤマトへ継承されたようだ。卑弥呼が奈良に移ったことが、鏡による祭祀の西からの波及を加速したものと考える。著者は、唐古・鍵が近畿圏のリーダーとして纏向を邪馬台国に差し出したものと考えたい。

飛鳥時代の都、藤原京の北部に耳成山（139・7m）、東部に香久山（152・4m）、西部に畝傍山（199・2m）の大和三山が盆地に聳えるように位置する。耳成山と畝傍山は瀬戸内火山帯に属する死火山の名残りで、古来、有力氏族の祖神が祭られてきた土地だったことから、皇宮造営の好適地とされた。田原本町の唐古・鍵遺跡からまっすぐ南へ行った橿原市の畝傍山のそばに神武天皇陵がある。『日本書紀』には「巻第9」神功皇后紀の末尾に中国史書の部分引用

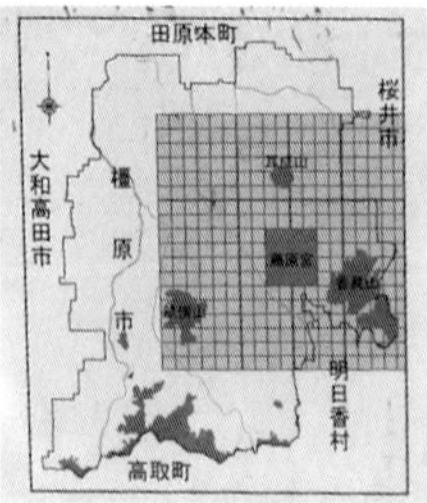

があるが、邪馬台国、卑弥呼という名すら記されていない。『日本書紀』は、大和朝廷の正当性を主張する歴史書であるから、中国に臣従した時期があったとの歴史を嫌って記事にしなかったことは明白で、邪馬台国、卑弥呼を全く記事にしなかったのだが、倭王讃、珍、済、興、武が安東将軍などに封じられたことなども知らんぷりしている。『日本書紀』の、巻第三は神話の神代が終わり、いよいよ、神武天皇（神日本盤余彦天皇）が東征に出発する段に「遠いところの国では、まだ王の恵みが及ばず、村々はそれぞれの長があって、境を設け相争っている。塩土の翁に聞くと『東の方に良い土地があり、青い山が取り巻いている。その中へ天の磐船に乗ってとび降ってきた者がある。』思うにその土地は、大業をひろめ天下を治めるに良いだろう。きっとこの国の中心地だろう。そのとび降ってきた者は饒速日《にぎはやひ》というものであろう。そこへ行って都をつくるにかぎる。」とある。最初から奈良と決めている。王の恵みが及ばず村々の長が争っていると、目的と目的地が決まっている。すなわち、卑弥呼のいる奈良が中心地で、九州ではないことが明白に述べられており、目的は村々の長が相争わないという大業をひろめ天下を治めることである。卑弥呼の治め方では、争いは無くならないと明白に述べている。『日本書紀』編纂の時代に、それよりも約５００年も前の奈良にある邪馬台国の卑弥呼の治世のことが記憶されていたのであろう。ところで、神武天皇が東征に出発する段に「――塩土の翁に聞くと『東の方に良い土地があり、青い山が取り巻いている。その中へ天の磐船に乗ってとび降ってきた者がある。』――そのとび降ってきた者は饒速日《にぎはやひ》というものであろう。」との記述があるが、想像をたくましくさせると饒速日は天の磐船に乗って伊都国、井原鑓溝から卑弥呼とともにここ奈良に来たのではないかと思わせるところがある。『日本書紀』の神武東征5年目、「長髄彦と金鵄」の項に、長髄彦《ながすねひこ》が使いを送って、「昔、天神の御子が天磐船に乗って天降られました。櫛玉饒速日命といいます。手前は、饒速日命を君として仕えています。一体天神の子は二人おられるのですか。」「天神の子は多くいる」というやり取りの後、天神の子である証拠の品を見比べ、長髄彦は納得、恐れ入って畏まったが戦いの用意は中途で止めることが難しかった。いよいよ、神武東征の最終段階である。続きは最終章のエピローグに譲ろう。

第4章　古墳時代（1750〜1400年前）

ヤマト王権

■西都原古墳群（1700〜1400年前）

古墳群総数319基もある広々とした特別史跡で、日向三代（瓊瓊芸命《ニニギノミコト》天照大御神の孫、火遠理命《ホオリノミコト》山幸彦、鵜《ウ》葺草葺 命《ガヤフキアエズノミコト》神武天皇の父親）を匂わす遺跡、邪馬台国を匂わす遺跡はない。但し、最も古い古墳は纏向型と呼ばれる墳形で紀元3世紀中頃（ちょうど古墳時代に入った頃、卑

弥呼が亡くなった頃）の築造であるので、邪馬台国が纏向にあったとすれば、ここ西都原も関係がある。陵墓指定の男狭穂塚《おさほづか》（日本最大の帆立貝形古墳）、女狭穂塚《めさほづか》（九州最大の前方後円墳）があり、最も新しい（最後の）首長墓は紀元6世紀後半の築造であることから、ヤマト王権になって300年も纏向の味方をしていた地方ということだ。西都原は始めから終わりまで徹頭徹尾、ヤマト王権の側にいた。宮崎県には高千穂峡、高千穂峰もあってヤマト王権の故郷である。『魏志倭人伝』の邪馬台国への行程を記述した部分を信じると、熊本県八代から球磨川を遡り、宮崎県との県境で陸行して一ツ瀬川を下ると西都原へ出るという説（脳神経学者、中田力氏）がある。バイクツーリングによる遺跡巡りの強みで、この説が可能かどうか試した。実際の走行は西都原側から走行した。国道219号線は一本道で人吉市経由八

代市へ出る。この説をなかなか有力とみて試してみたい気にさせる国道219号線である。一ツ瀬川上流の西米良村の木造車道橋「かりこぼうず大橋」を横目に県境へ向かうと横谷峠へ出る。ここが宮崎と熊本の分水嶺である。そして湯前町、多良木町、あさぎり町、人吉市へ向かう。球磨川と一ツ瀬川は繋がった一つの川ではないという意味で、川船で陸行する部分は横谷峠と湯前町と思われる。しかし、日本の川の中上流域は急流だから、実験してみないと何とも言えないというのが著者の感想である。

出雲国

■古代出雲王陵の丘（1600年前）

島根県安来市荒島にある遺跡で、薄紫色に煙る島根半島、波静かな中海を望む眺望の良い丘の上にある。紀元300年頃より墳墓として造営され始め、紀元400年頃に築かれた竪穴式石室の古墳「造山1号墳」「3号墳」「大成号墳」の首長墓がある。卑弥呼の死後100年以内に築かれた古墳時代前期（約1700～1600年前）の古墳だ。2号墳は全長50mの前方後方墳で葺き

石が施された6世紀初め頃の築造。首長墓からは、三角縁神獣鏡、方格規矩四神鏡、ガラス製管玉、鉄刀、刀子、大型特殊円筒土器を利用した土器棺などが出土した。出雲の本拠地妻木晩田大集落は消滅したが、首長は生き永らえたようである。また、西出雲の西谷四隅突出墳丘墓に代わって、ここ東出雲ともいうべき土地に出雲王陵があるという、まさに不死身の出雲を物語っている。

古代丹後国

■私市円山古墳（1550年前）

京都府綾部市私市《さきいち》にある古墳時代中期（約1550年前）の大型円墳である。直径約70m、埋葬のお祭りが行われた造り出しを含めると全長80mに達し、京都府最大の円墳である。斜面は葺き石と呼ばれる河原石を約6万個敷き詰め、さらに、三重に約1000本の円筒埴輪と朝顔型埴輪で囲っていた。ここ私市円山古墳は、舞鶴、綾部、福知山へ抜ける舞鶴若狭自動車道のトンネル工事で発見された山の頂にあり、由良川へと注ぐ犀川と相良川にはさまれた丘陵上にある。被葬者は二人の王で、眼下に広く由良川を眺めるこの丘の

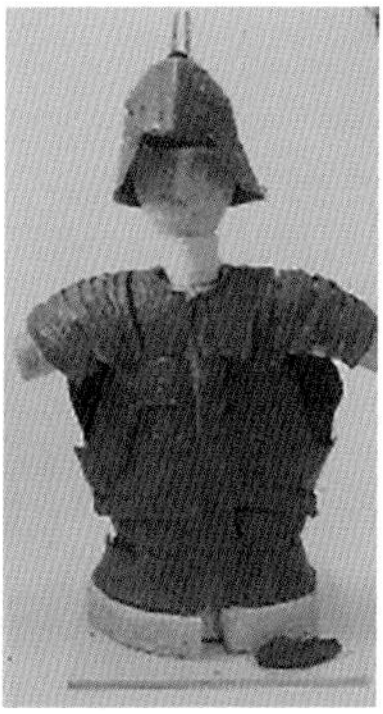

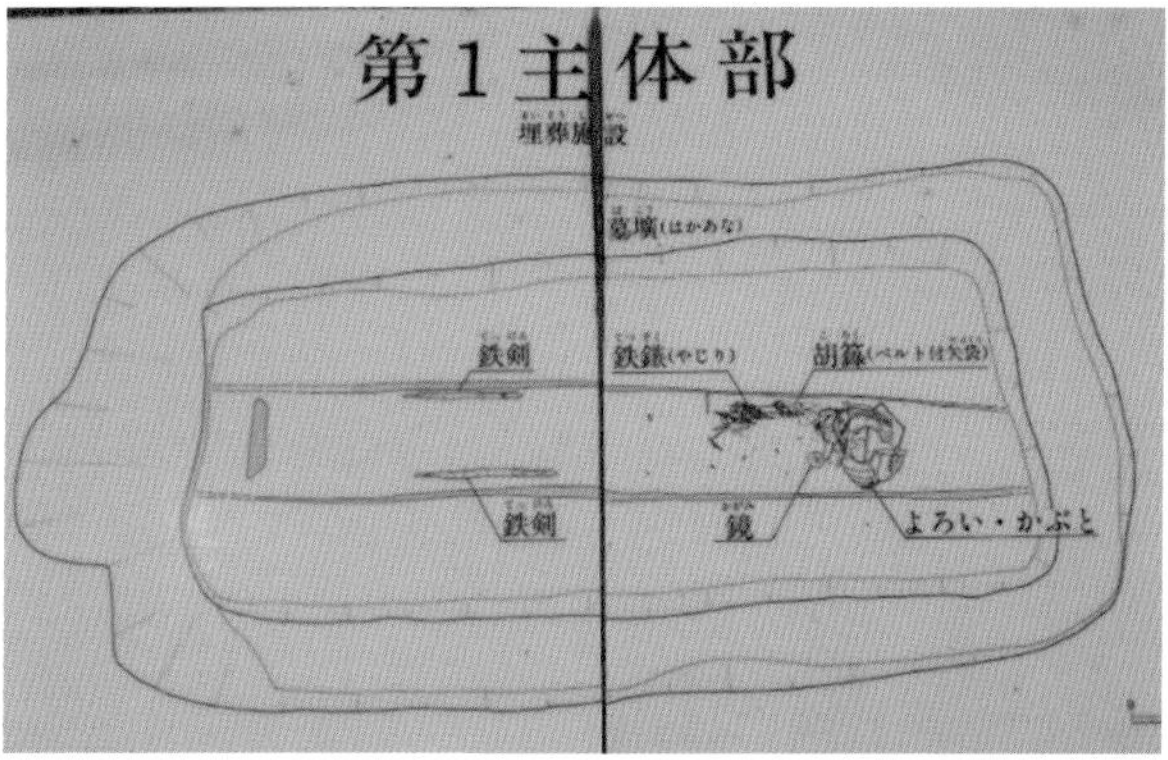
第1主体部
埋葬施設
墓壙(はかあな)
鉄剣
鉄鏃(やじり)
胡籙(ベルト付矢袋)
鉄剣
鏡
よろい・かぶと

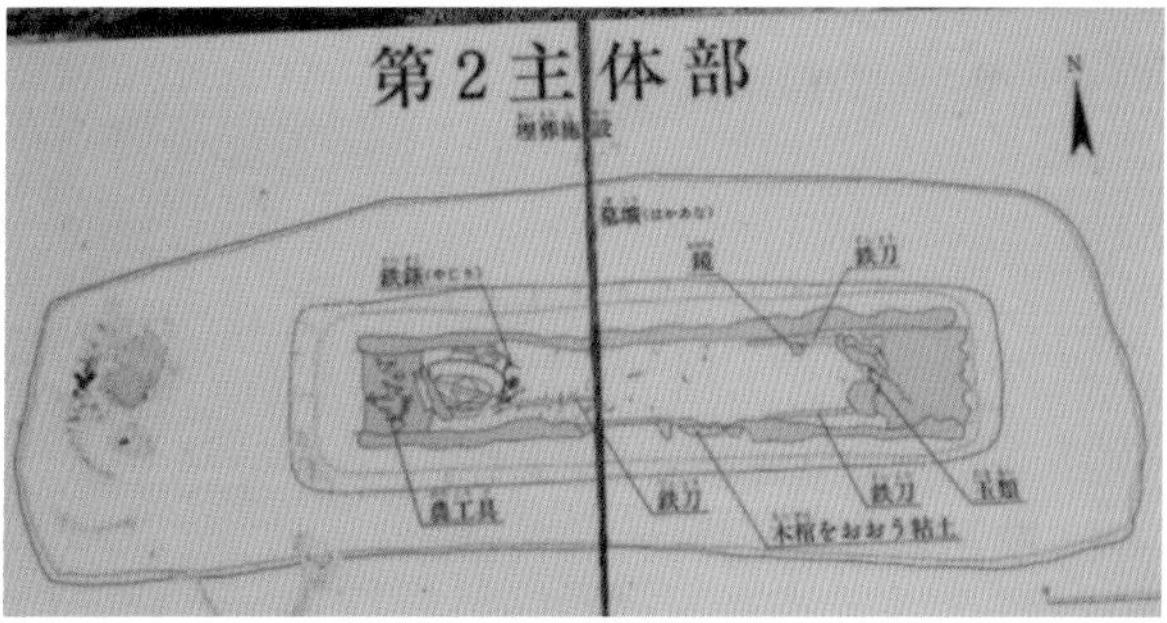
第2主体部
埋葬施設
N
墓壙(はかあな)
鉄鏃(やじり)
鏡
鉄刀
農工具
鉄刀
鉄刀
玉類
木棺をおおう粘土

上を選んで古墳を造ったのだ。木棺は腐って無くなっていたが、鎧、兜、鉄刀、鉄鏃などの武具、鏡、玉類の副葬品が多数発掘された。金箔を貼った胡籙《ころく》（ベルト付き矢袋）という珍しいものが出土している。

ヤマト王権がその立ち上がり当時から味方だった古代丹後王国の豪族の王に、出雲国の抑えを期待していたこと、そして、その期待に応えている二人の王が目に見えるような丘の頂の古墳であった。

■稲荷山古墳（1550年前）

埼玉県行田市埼玉にある埼玉古墳群の中で最初に築造された古墳時代中期（約1550年前）の古墳である。1967年に県の調査で膨大な遺物が見つかった。その副葬品の錆に覆われた全長73・5㎝の鉄剣を、1978年にX線撮影すると両面から金を埋め込んだ銘文が浮かび上がった。『金錯銘鉄剣』である。銘文は、熊本県和水市の江田船山古墳から「□□□鹵大王世」云々の銀象嵌銘文があったが、銘文75文字すべてを解読できていなかった。一方、稲荷山古

提供：埼玉県立さきたま史跡の博物館

墳の『金錯銘鉄剣』銘文115文字は、すべて解読できて銀象嵌銘文75文字と比較できた。両銘文に名前が載っている大王は「ワカタケル大王、雄略天皇」と判明した。そして、鉄剣の製作年は471年、古墳の主、「ヲワケ」は先祖の「オホヒコ」から8代続けて大王の杖刀人《とうじょうじん》首《かしら》すなわち、親衛隊隊長を務めてきたことが刻まれていた。考古学的、物的証拠は完璧だ。歴史文献としての『日本書紀』の雄略天皇の巻以前を渉猟すればもっと色々なことが分かる。

「ヲワケ」の8代前の先祖「オホヒコ」は、四道将軍の一人で『大彦命』と『日本書紀』巻第5崇神天皇の項に記載されていた。稲荷山古墳の『金錯銘鉄剣』銘文から、古墳時代前期（約1600年

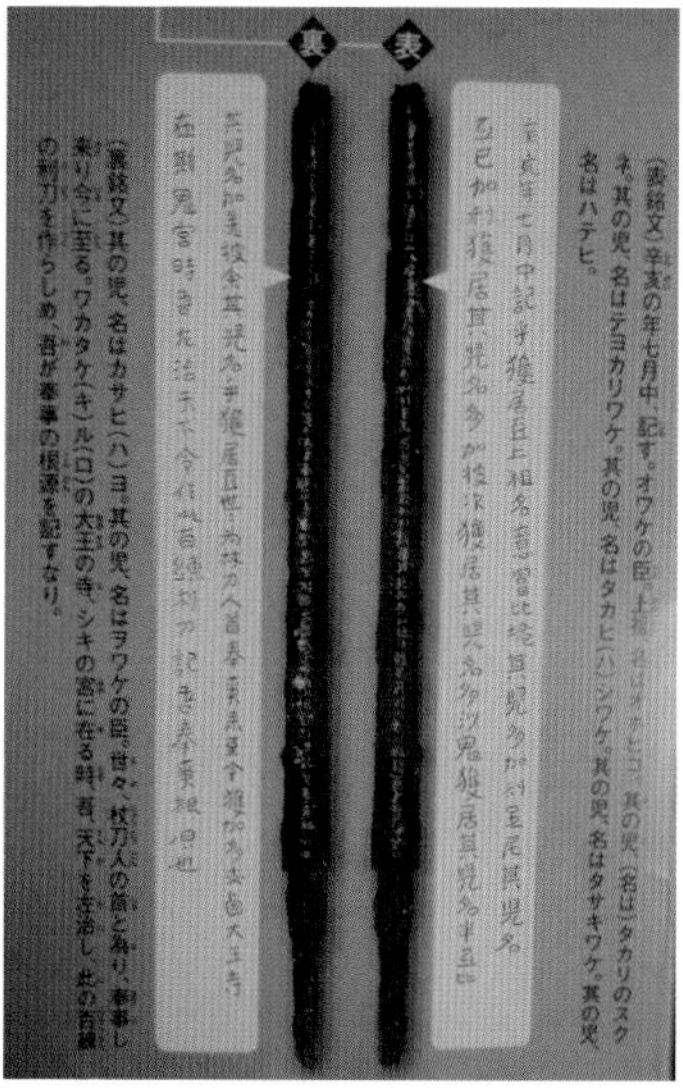

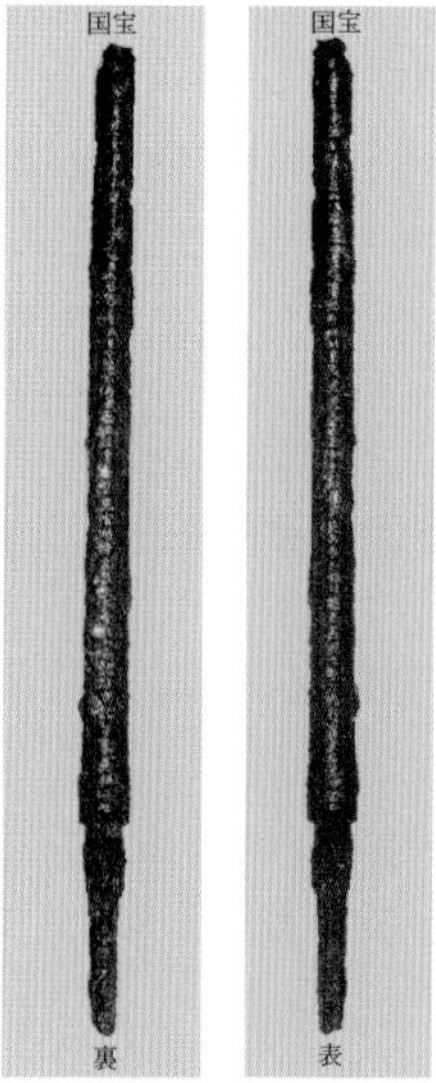

所有：文化庁
提供：埼玉県立さきたま史跡の博物館

前）頃には、大和朝廷が地方の地域大国（吉備、丹波、越、関東方面）を取り込んで協力させる体制が成り立ち始めていたと見られる。埼玉県立さきたま史跡の博物館には一括国宝（国宝の所有者は文化庁）指定された稲荷山古墳の副葬品はほとんどすべて展示されているので大変見どころがある。御棺の中で『金錯銘鉄剣』を抱いた被葬者「ヲワケ」のそばには鞍、鐙、轡などの馬具が添えられており、馬術が当時の武人のたしなみになっていたことが分かる。また、武人頭部の埴輪は当時の兜の形を見せて面白いし、ヒスイの勾玉（国宝）はさすがにきれいだ。画文帯環状乳神獣鏡は国宝で、中国道教の神仙思想を文様にした後漢、三国時代のものだ。江田船山古墳出土の鏡と

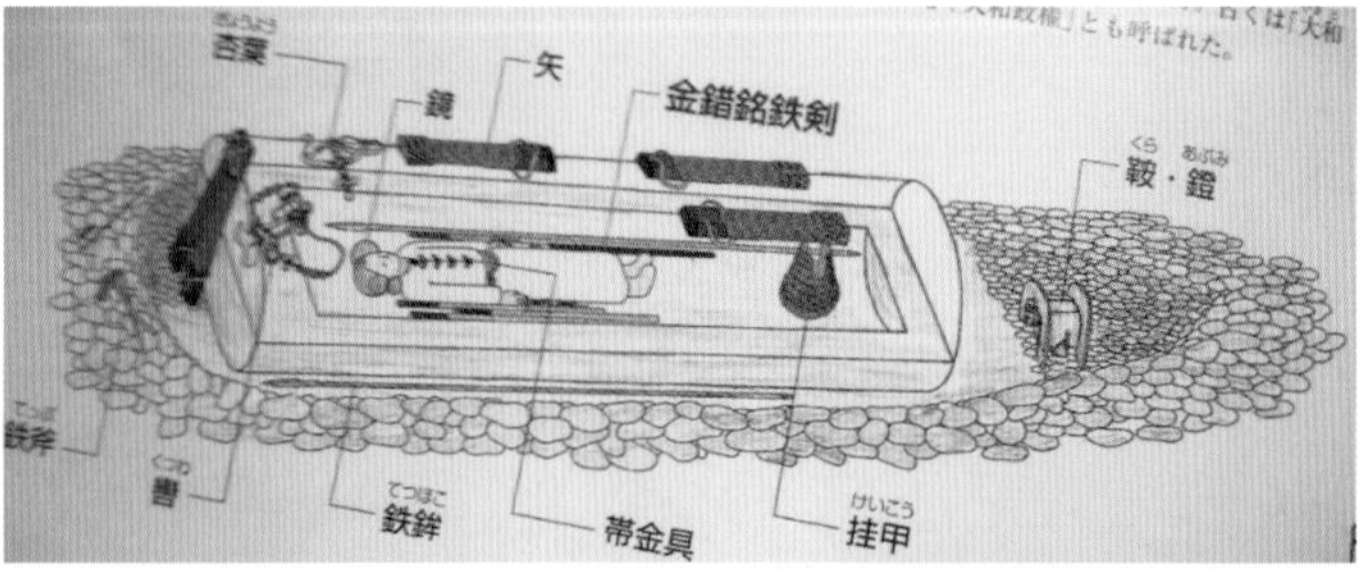

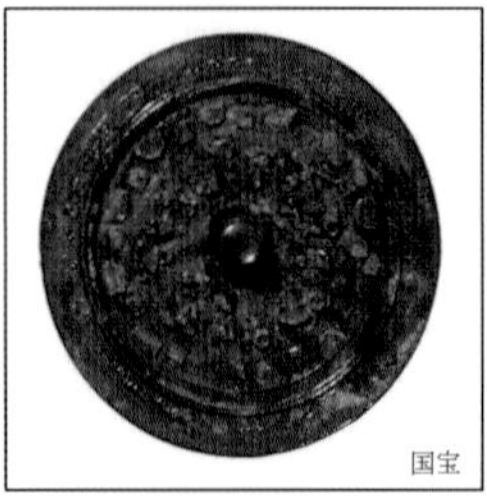

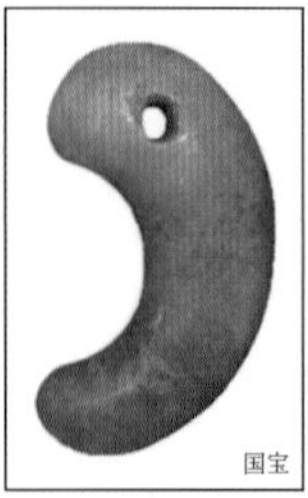

所有：文化庁
提供：埼玉県立さきたま史跡の博物館

所有・提供：埼玉県立さきたま史跡の博物館

は同笵鏡であることが分かっている。

『日本書紀』は、もっと尊重されて丁寧に研究されるべきではないか、と思われる過去の不適切な評価があったように聞いている。２０２０（令和2）年3月16日の新聞記事に、「国立極地研究所と国文学研究資料館のチームは、日本最古の正史、『日本書紀』に、飛鳥時代のオーロラを描写した記述があるとする研究成果を発表した。６２０年12月30日の出来事として記述されており、極地研の片岡龍峰准教授は、日本最古の天文記録である可能性が高いと指摘する。」とあった。『日本書紀』は７２０年完成、オーロラはその１００年前の６２０年である。『日本書紀』の記述は非常に正確なのだ。記述したくない事情がある事柄は記述していないだけのことではないのかとも思う。

なお、『日本書紀』に古代天皇の崩御になった年齢が１００歳を超える長寿だった記載があることによって、『日本書紀』の信頼性を疑問視する意見があるが、著者は、『魏志倭人伝』のもととなった『魏略』に「その俗、正歳四節を知らず。ただ、春耕、秋収を記して年紀となす。」とあり、1年を2年に数える「2倍年暦」が採用されていた時代の伝承をそのまま『日本書紀』に記載しただけのことと考える。

第5章　エピローグ

✧部族、水田稲作、水と土地をめぐる争い

縄文時代、1万4000年の長い世代交代が狭い日本列島の中で繰り返されてきた。これで部族社会ができないわけがない。日本列島は、火山の噴火、巨大地震、大きな気候変動などの大自然の驚異に繰り返し襲われる宿命を持つ。縄文の部族はそれらと病気との戦いへの適応を図りつつ、結束を強めて、住みなれた土地に馴染み執着してきた。これが日本の地方を形成してきた縄文時代の歴史であった。そして、それは、弥生時代にもヤマト王権時代にも引き継がれていった。

弥生時代の水田稲作が始まってすぐの頃にはまだ部族間の明確な境界はなかっただろう。縄文時代の集団の棲み分けは当然残っていたが、明確な境界線が必要だったわけではない。しかし、水田稲作が広まると、水田適地の土地争い、水争いが部族同士の小競り合いとなった。北九州は平野部があっても広がりは大したことなく、やはり山国と言わざるを得ない。バイクでひとつ走りすると、もう山に差し掛かる。この部族間の水田稲作をめぐる争いも朝鮮半島から稲作技術と同時に導入されたのである。糸島の新町支石墓群や長野宮ノ前遺跡には磨製石鏃を

撃ち込まれて死んだ遺体が発掘されている。低身長で抜歯痕のある縄文人で、渡来人に殺害されたのであろうが、仲間が甕棺に入れて埋葬してくれたのであった。支石墓も磨製石鏃も稲作技術とともに朝鮮半島から末蘆国や伊都国に導入されたものである。土地、水争いが部族間小戦争に拡大するのに時間は要さなかっただろう。そして領域拡大の本格戦争は倭国大乱と中国から呼ばれるほど西日本全体的なものとなってしまった。中国史書が大乱というから一気に北九州中、いや西日本中が戦乱に巻き込まれたように読み取れるが、著者はそうではないと思う。長く続いた小競り合い、小戦争、領土拡大戦争の継続であったと思う。このような水争い、土地争いは、水が低きに流れ、土地は大が小を飲み込む形で配分の話し合いをも含めながら決着して行くものだ。しかしながら、問題はこれだけではなかった。水田稲作技術と同時に鉄器も導入され、鉄の有用性に魅せられた日本列島の人々は鉄器の鍛造製作を覚え、そのための鉄素材を交易で入手する貿易に血道を上げ始めた。日本列島内にはない鉄素材は、朝鮮半島でしか入手できないものだった。貿易競争である。鉄器をたくさん保有しているものが、水争い、土地争いを有利に展開できるかも知れない、そんな状態に陥ってきたが、この貿易競争は中国、朝鮮半島、日本の国際間に横たわる問題であった。

✧中国、朝鮮半島、日本、国際貿易

縄文時代から縄文人が交易や生活のために入り込んでいた朝鮮半島に、中国人が進出してき

て日本列島に接近してきた歴史が、日本国内の「クニ」間の貿易競争を複雑化したのである。

『史記』の「宋微子世家」には、「周の武王が殷を滅ぼした後、殷王の親戚の箕子が朝鮮に封じられた。」と書かれている。紀元前1050年頃（約3050年前）のことだ。それ以前の朝鮮半島は無人に近い朝鮮人のいない土地、というよりは縄文人の住む土地だった。約3050年前の日本列島では、水田稲作を取り入れ、青銅器導入と、朝鮮半島との交易が活発化し始めていた。この活発な交易に商売の利を見出して中国が進出しようとしてきたのである。

時代は少し下がって、中国、呉越の戦い、紀元前473年呉滅亡、呉人の一部は日本に流れ着き、福岡平野博多湾に上陸した人々と青谷上寺地集落に住み着いた人々がいた。勝った越は山東半島の南端、青島市の海岸の琅邪山に都を移したが、越も紀元前333年頃に楚に滅ぼされ、越人も四散した。越人は海上活動がもともと得意であったから逃げ足早く朝鮮半島先端や日本へ渡った。紀元前284年昭王が燕王の時代、燕人が商売のため、朝鮮北部から南部の真番まで浸透していった。『史記』の「朝鮮列伝」には「始めの全燕の時から、かって真番、朝鮮を略属して、ために吏を置き、鄣塞《しょうさい》を築いていた。」と言っている。すなわち、真番には砦を築き、官吏を駐在させ、中国商人の権益を保護していたわけである。真番はそんなに早くから倭人の交易に目を付けていたことになる。こうして技術的に進んでいた箕子朝鮮人、呉人、越人、燕人たちが入り込んで朝鮮の現地人と交雑した。縄文人たちが朝鮮半島南部海岸地方と盛んに交易を始めていたのは、約3050年前からのことで、水田稲作取り入れ、青銅器導入、鉄器導入のための交易だ。燕が真番まで浸透した紀元前284年どころか呉滅亡の紀元前473年頃はすでに朝鮮半島南部では縄文人をも巻き込んで交雑していったであろう。いや、縄文人は朝鮮半島のかなり奥地まで入り込んでいたので、それをも巻き込んで人種間の交雑はかなり複雑なものだったろう。中国から流れ込んできた男が優勢で、縄文系の女を巻き込んで種を継続させたことがY染色体DNA、ミトコンドリアDNAの検出、分析から見えてきている。金両基他監修『図説　韓国の歴史』(河出書房新社、2002）では「東山洞貝塚：新石器時代の土器が層位的に発掘された著名な遺跡。櫛目文土器に混じって九州の縄文土器片や、西北九州型の釣り針・黒曜石などが出土し、――」、「直接の先祖は約4000年前の新石器時代人からである。」と書かれているが、縄文人たちは紀元前5000年前頃より海峡を越えていた。櫛目文土器の下層から豆粒文土器《とうりゅうもん》（約1万3000年前）に類似したものが見つかっている。縄文人同士だから言葉が通じた。燕王は、この交易環境、商売状況に目をつけ、紀元前284年に燕人の商売のため、朝鮮北部から南部の真番まで商売拠点をおいたのである。日本は、その頃には、稲作をとっくの昔に取り入れて日本中に広め、鉄器の有用性も知り、鉄素材を求めて海峡を頻繁に往来していた弥生時代である。真番という中間搾取が入り、そしてついに奴国という日本の仲間内が何と中国寄りの仲介人となったので、奴国は儲かるが小国は鉄素材が高く付く状態となってしまった。朝鮮半島南部の沿岸部には倭人が居留地を造って、倭国の一部をなしており、『魏志倭人伝』に「郡（帯方郡）より倭に至るには、海岸にしたがって水行し、韓国（朝鮮半島南部の三韓）をへて、あるいは南し、あるいは東し、その北岸狗邪韓国（弁辰12国の1）に至る7千余里。始めて一海をわたる千余里、対馬国に至る。」と記されており、倭国の北側国境は海ではなくて狗邪韓国で、朝鮮半島南部沿海部に倭国があることを明記している。また、『魏志韓伝』は三韓（馬韓、辰韓、弁韓）のことを記述して、「韓在帯方之南、東西以海為限南與倭接、方可四千里、有三種一曰馬韓二曰辰韓三曰弁韓、辰韓者古之辰国也。」と三韓の南の国境は倭国に接していると明記している。広開土王碑文に「任那加羅」の地名が彫り込まれているが、この地名は倭国領土のことである。奴国が朝鮮半島や中国との交易において、中国よりの仲介人になったのでは、この地にいた倭人たちも奴国の顔色を窺わなくてはならないことになってきたのであった。

倭国大乱への歴史を掘り下げてみると、中国、朝鮮、日本列島間の国際関係が影響を及ぼしているのである。

✧日本の社会政治情勢　倭国大乱

一方、日本列島の社会政治情勢はどうであろうか？

倭国内の小競り合いによって、各「クニ」には防御を固める環濠が広まっていた。環濠集落は弥生時代早期に福岡県粕屋町江辻遺跡で始まり、平塚川添遺跡、板付遺跡、原の辻遺跡、吉野ヶ里遺跡などに広まった。弥生時代後期には近畿で池上・曽根遺跡、唐古・鍵遺跡ほか、瀬戸内沿岸、山陰まで拡大した。そしてまた、高地性集落は、弥生時代中期に中部瀬戸内と大阪湾岸、弥生時代後期に近畿と周辺部、古墳時代前期に山陽山陰、北陸などにも造られた。これはまさに西方からの外敵の侵入を防ぐ目的で造られたものであった。縄文時代にはなかった戦争が弥生時代には頻発するようになり、完全に殲滅、抹消された「クニ」も出てきたのであろう。だから、環濠をめぐらし、中には環濠を二重三重にして防御を固め、高地にまでも逃げ場としての集落を造ったのだ。南西を脊振山塊に囲まれた糸島地方ではこの防御施設、環濠も高地性集落など発見されていないので、伊都国は東を攻める側で攻められる側ではなかったようだ。

奴国が中国後漢帝国の仲介人になると、以前と比べて、不公平が広がり、漢が紀元前82年に真番郡を廃止した頃に百余国あった交易国は、約30カ国に減ってしまった。約30カ国だけが使訳（通訳）を使って楽浪郡と交流、交易できる能力を持っていた。彼らは、金属資源、道具を得んがため、強く交易を望んで連絡を取りに出かけた。残りの約70カ国は、漢が真番を廃止したので、奴国を仲介人として楽浪郡に連絡を取ってもらう手間が増えた。仲介手数料が必要で、搾取も横行したであろう。著者は、奴国に内紛が発生し、王権の簒奪、『漢委奴国王印』の争奪があったと考えている。でなければ、この金印が農道乃至海岸通に埋まっていた訳が考えられない。奴国は近隣諸国を巻き込みながら分裂、本格的な戦争に突入する情勢となってきた。しかしながら、九州では高地性集落がほとんど検出されていないということは、環濠で防御すること、隣国との小競り合い、小戦争、領土拡張戦争で手一杯状態のまま、大が小を飲み込む形で収束へ向かったのかも知れない。もともと、あっちでも始まりこっちでも発生したという戦争だった。九州の外、高地性集落が造られた山陰山陽方面へは九州勢による侵略が行われただろう。領土拡張戦争は必然的に覇権争いに至るし、海上交通路を確保し、港で水と食料を得るにはそれなりの覇権を持つ必要があった。ただ、中国の史書が言うほどではなく、皆殺し、殲滅に至るようなことはまれだっただろう。小戦争が始まり、収束するまでの時間がひどく長かったことを倭国大乱と中国漢帝国は表現した。『後漢書倭伝』に書かれた、紀元107年に倭国王帥升等が献ずる生口160人とは、倭国大乱に至る前の九州勢による侵略の時に奴隷として略取されたものだ。中国漢帝国は倭国を構成している「クニ」それぞれを相手にしないという建前があるので、伊都国が奴国の覇権を奪取したことを確認して伊都国王帥升を、倭国王と呼び記して漢帝国訪問という大役を務めさせたのだ。この訪問は、豪族「クニ」の王らが帥升を倭国王として担ぐことに同意し、どの「クニ」の王らが帥升と共に160人の生口を朝貢する大訪問団を結成するのか、楽浪郡にあれこれ指図され、翻弄され、漢帝国では上が下を大歓迎するという下風に立たされただろう。この関係には嫌気が差してきて、相手は大国だが、公平な貿易、対等でまじめな外交関係を結ぶことのできる国造りが必要と考えたと思われる。倭国王帥升は長生きしたと思われるが、後漢帝国訪問団の長を務めた勢いをがっちりと覇権化して、自分の伊都国の後継者に倭国王の名跡と権限を継承できないまま亡くなった。帥升の後継者は自分が倭国王になることを当然のこととして激しく覇権争いしただろう。漢帝国が倭国王と呼んだからと言って、倭国が出来上がっていて、王権が平和裏に移行するシステムになっていたわけではなかった。既に有力国は30カ国に絞られ、彼らは十分殺し合いを経験し、もう戦争は回避したいという思いが強かった。「クニ」が成立し始めた当時の社会変動に揺さぶられて始まった部族の境界争い、水・土地をめぐる争い、領土拡張、貿易不均衡の争い、そして覇権争いに対し、いつでも再戦の備えをしておく必要があると胸に秘めていた。立地に恵まれた先進国でもあった伊都国は、争いの始まりは静かだったが、奴国の専横が目立ってきた後は武力大国化して、脊振山塊を背に東方へ展開して、他の「クニ」、「グニ」が弱くて準備不足なことをいいことに日本海沿岸、瀬戸内海方面、大阪湾岸までも席巻した。しかし、伊都国の元々の地盤は糸島地方であり、他の弥生の「クニ」、「グニ」と比べれば大きな集団だが、そうであっても国土の狭い人口の少ない日本の「クニ」なので、さすがに伊都国一家国での東方遠征は荷が重かっただろう。有力国の30カ国は殺し合いはもう十分と思っており、厭戦気分に覆われていたし、ほとんど皆が似たような考えにあると感じ、連合体の初期段階に入った。そこへ中国では紀元１８４年の黄巾の乱が勃発、楽浪郡の中国人らは大挙して朝鮮半島南部へ避難し、中には海を越えて日本へ入り込む者多数あり、この中国人多数の入国による混乱を治めるためにも倭国和平協議の早期開催に傾いていった。

次は、著者の想像力の限界を試す「和平協議」である。

倭国の30カ国は紀元190年、和平協議に臨むことになった。

中国では紀元189年、後漢は事実上消滅、魏、呉、蜀の三国の前哨戦の時代へと入った。

✧和平協議、卑弥呼

1 会議の場所は唐古・鍵集落の大型建物2棟

2 議長は顔の広い出雲

3 副議長は吉野ヶ里、吉備、狗奴国朝日

4 議案は唐古・鍵と伊都国が正副議長と共にまとめる

5 参加主要24カ国（石川県八日市地方《ぢかた》遺跡、沼津高尾山古墳、阿波、伊予、讃岐、周防、丹後、対馬国、一支国、末蘆国、不弥国立岩堀田遺跡、宗像市田熊石畑遺跡、奴国、朝倉市平塚川添遺跡、投馬国〈熊襲か？〉、国東安国寺遺跡、守山市琵琶湖東岸伊勢遺跡、薩摩隼人国、日向国、越中、越後、信濃、播磨、安芸）は、自由な発言権を持つ。『魏志倭人伝』には30カ国の名称が指摘されている。恐るべきである。

■出雲、議長開会挨拶「参加各国は武器を収めたか？　戦争は止めているのだな？　復讐しようとか、この際、領土拡張しようとか、そんな考えはもう持っていないと言えるか？

そうでないとこの会議は開催できない、無駄なことになる」
見回して、
「参加すべてが、戦争を止めて平和を欲しがっていると判断し、和平協議を始めます」
■唐古・鍵より和平会議冒頭発言「場所を提供できて光栄だ。和平をまとめよう」
■副議長狗奴国朝日より「もう、殺し合いはやめよう。そのため、王の中の王を決め、一つの国になって楽浪郡に対抗しよう」
■副議長吉備、吉野ヶ里より「狗奴国朝日から大きな方向の良い話があった」
■八日市地方より「王の中の王を決めて一つの国になるのは良いが、楽浪郡に対抗するのは無理だ。損はしたくない」
■参加主要24カ国が一斉に「鉄を交易で入手するのに楽浪郡と対抗していては難しいことになる」
■唐古・鍵と伊都国「楽浪郡とは対抗ではなく対等に付き合い交易したい」
■唐古・鍵と伊都国より提案説明「楽浪郡は漢帝国の出先窓口機関だから、我が倭国にも窓口機関を置く。楽浪郡が倭国王に直接話することのないようにする」「倭国王は漢帝国王と出来るだけ対等にしたいが、これは難しいのでへつらい過ぎないように相手を立てる」
■周防、丹後、一支国、末蘆国、不弥国立岩堀田、田熊石畑、奴国、平塚川添、投馬国などが「交易はどうやるのか？」

■対馬国、一支国「朝鮮半島沿岸部の倭人たちも心配している」
■唐古・鍵と伊都国「今まで通り、楽浪郡、その他朝鮮半島南部の商人と自由に交易して良いが、独占を防ぐため交易前後で倭国王にも窓口機関にも届け出すること」
■唐古・鍵と伊都国「伊都国の先王帥升が83年前の紀元107年に倭国王として漢帝国訪問という大役を務めたことにちなみ、伊都国の王をこの倭国連合王国の盟主としたい。また、伊都国に窓口機関として一大卒を置く」
■参加国から口々に「それは無理だ。帥升はもう亡くなっていない。その案では、伊都国の野望通りで、専横は無くならない。まだ、戦乱は終わったばかりなのに再来だ」「倭国王と一大卒は別々に分けなければ意味がない。伊都国が漢帝国に慣れているからと言ってそれがよいとは限らない」、「伊都国は戦乱で活躍し過ぎ、今は謹慎すべきで、大役など不遜だ」
■伊都国「戦乱は伊都国の本意からではない。博多の奴国が真番の代わりを務め、そのうち植民地の総督のように威張りだし、事実、奴国は中国化したじゃないか。あのままじゃ、九州は完全な植民地になっちゃったぞ」
一支国、末廬国、不弥国立岩堀田、田熊石畑、奴国、平塚川添、投馬国の九州各国「確かに博多の奴国のやり方では、楽浪郡の思う壺だ。植民地にされちゃう」「しかし、伊都国は、奴国・伊都国戦争に対し穏健にしていた国々にも大変乱暴だった」

伊都国「植民地にされるのだけはごめんだ。朝鮮と同じになるのは皆避けたいはずだ。だが伊都国としても戦争はもういやだ。糸島には、紀元前から３００年ぐらい楽浪郡や朝鮮半島の使者が滞在できる施設を持って対等にやっている。そこでは硯もあるので、色々な記録も残せる」「反対がなければ、伊都国が倭国連合王国の盟主を務める」

■吉備、吉野ヶ里、狗奴国朝日、他多数の参加国から「伊都国の倭国連合王国盟主は反対だ」

■吉備「九州は楽浪郡から近くて、頻繁に訪問される恐れがあり、大きな方向性にそぐわない。倭国連合王国は、朝鮮半島から遠く離れたここ唐古・鍵がよい」

■東国、北陸から「倭国連合王国を置く場所として九州は反対。吉備のいう通りだ。だが唐古・鍵が盟主になるのは反対だ」

■九州各国より「九州に置いたんでは戦乱は無くならないし、再度発生し兼ねない。場所は唐古・鍵でよいが、問題は盟主をどうするかだ」

■参加国すべて「戦乱の再発は防がねばならない」

■平塚川添「唐古・鍵は環濠があるので防御体制はあるが、武力はあるのか？　また、攻められた時、兵糧の補給とかはどうか？」

■唐古・鍵「武力には自信ないが、今でも兵糧は大丈夫だ。その上、稲作水田用の水、土地も十分あるので、移民を受け入れて開墾する余地はある。各国の保証があれば、倭国連合王国を置く場所を提供するにやぶさかではないが、盟主をどうするかだ」

■伊都国「話が暗礁に乗り上げたな。話の方向を変えてみよう。伊都国の歴史には、女性が王と祭祀の司祭を兼ねて平和だった歴史がある。その伝統が続いていて、今、丁度良い姫巫女がいる。歳は22歳だ。姫巫女は生涯独身であるのは、皆、知っているはずだ」

■吉野ヶ里、吉備他多くの参加国「一大卒はともかく、伊都国の姫巫女の盟主はだめだ。それではいずれ伊都国にすり替わって戦乱の世がやってくる」

■伊都国「伊都国の現在の王統は井原鑓溝から平原に移っている。今22歳の姫巫女は平原ではないので、伊都国が倭国連合王国の盟主となるわけではない」

■唐古・鍵「伊都国はそのまま九州にいて、唐古・鍵には姫巫女が一人で来る。周りは伊都国以外の者が固めるのはどうだろうか」

■狗奴国朝日「姫巫女は祭祀の司祭としては良いかも知れないが、この30カ国をまとめる政治力はないから無理だ」

■伊都国「政治を司るための補佐役に姫巫女より若い者、例えば弟を付けるのはどうだ？」

■議長国出雲「伊都国の姫巫女を盟主、補佐に弟君、これを唐古・鍵に置く。伊都国は王宮以外の場所で一大卒を務める。この出雲はお集まり各国との縁を尊び、出雲の神々をこの地に集め姫巫女の護衛の役を務める」

議論が纏まり、倭国連合の和平が成り、王国が誕生することに決まった。平和が戻ってきた。新たに倭国連合王国の政治、祭祀を執り行ういわば中央執行機関を整えなければならない。その場所は唐古・鍵の纏向がよいということで話が纏まった。『魏志倭人伝』によれば、「伊都国に到る。――世々王あるも、皆女王国に統属す。郡使の往来常に駐まる所なり。――投馬国の南、邪馬台国に至る、女王の都する所」と記されている。「ヤマト」と聞こえた1音1音に漢字を充てるのが漢語で、たまたま邪馬台国との漢字を充ててしまったのだ。これを「ヤマタイコク」と読むのはもう辞めたいものだ。九州にヤマトと発音する地名が現在4カ所あるが漢字の充て方が全く異なる。『魏志倭人伝』において、邪馬台国という固有名詞はこの記載だけで、それ以外の個所では女王国と記し、２３９年に「親魏倭王卑弥呼に制詔す。」の後は倭王乃至倭女王卑弥呼と呼んで、邪馬台国の名は一切使っていない。『魏志倭人伝』のこの部分が示唆するところは、「邪馬台国とは倭国内の1豪族の『クニ』を指す固有名詞であるから女王国に置き換える。」、「伊都国は数世代にわたって女王国に属している。」としているので、随分前から倭国王という名目上の覇権争いが「クニ」、「グニ」のなかにあったので中国史書も「クニ」の固有名詞の扱いには慎重だったのだ。「伊都国は数世代にわたって女王国に属している。」の一文に着目したい。ヤマト王権の歴代遷宮と同じで伊都国の王都は紀元１００年頃には井原鑓溝から平原に移っていると考える。著者の推理としては、和平会議の伊都国代表は井原鑓溝の故倭国王帥升の名前を前面に押し出してきているが、『魏志倭人伝』は、平原への遷宮を承知していたのかも知れない。こう推理してみると、卑弥呼は井原鑓溝の姫巫女と考えるのが妥当だろう。

纏向の建設は、唐古・鍵の副都心計画、乃至遷都計画によって、紀元2世紀中頃から建設が始まり、大乱で中断しながらも継続していたので、人が住める状態になっていた。纏向の倭国連合王国としては、政治、祭祀を執り行う建屋、制度体制を整えることが必要だった。文献、考古資料では卑弥呼が共立された年代が明記されていないので、著者は『魏志倭人伝』に「一女子を立てて王となす。名づけて卑弥呼という。——年已に長大なるも、——。」に注目し、卑弥呼は紀元２４８年に亡くなった時、80歳であったと推定した。従って、紀元１９０年に和平協議を設定したので、卑弥呼22歳で共立されたと推論したのだった。

中国の歴史が動いた。中国、魏曹丕が後漢に代わって魏王朝を立てたのが紀元２２０年、２３８年に楽浪郡の南に帯方郡が設立された。倭国連合王国盟主、姫巫女「卑弥呼」は景初３年（紀元２３９年）帯方郡を経由して魏の明帝に難升米《なしめ》を使いに出した時、71歳になっていた。その年中に「親魏倭王」の金印紫綬を授かっている。日本国内は朝貢のための中国訪問に対する反対があったが、前年に帯方郡が魏によって設立されてから挨拶していなかったので、これはやむを得ないというよりは必要な挨拶とのとらえ方が主流だった。倭国連合王国盟主「卑弥呼」の政治・祭祀に加え、吉備国による瀬戸内海航路の抑え、武力はさほどでないが、宗教、

『親魏倭王』の印

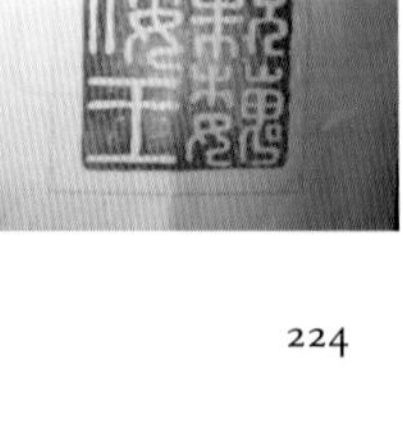

政治力、交易力を兼ね備えた出雲の支えは和平初期には十分な安定感があった。出雲による、北九州の宗像の海民、妻木晩田の部族、丹後を挟んで越の国、大和の唐古・鍵までにおよぶ影響力によって、安定を取り戻した日本は、紀元2世紀後半、3世紀初頭には日本各地での環濠集落の建設が終わった。政治社会情勢が大きく変わったことを示している。盟主に就いた卑弥呼は祭祀の司祭者として連合を保ったが、それ以上の担保も、後継者選出の取り決めもないままだった。『魏志倭人伝』に「狗奴国男王卑弥弓呼ともとから不和である。」と書かれた倭女王卑弥呼は紀元２４７年狗奴国と交戦状態に入った。翌年、「卑弥呼が死んだので男王が立てられたが国中が服さず、連合国同士が誅殺しあい、１０００人以上が殺された。卑弥呼の宗女壱与13歳を王に就けると国中が平定した。」

✧出雲と神武、壱与

決めごとがしっかりしていない豪族連合の限界が見えてきたが、和平協議で決めた通り、畿内を守備する出雲は、各連合国に縁を張ってきただけに手強いものがあった。丹後の籠《この》神社に伝わる国宝『勘注系図』から浮かび上がってくる出雲系諸氏族、物部氏、海部氏、尾張氏、和《わ》珥《に》氏、鴨氏らが卑弥呼亡き後の出雲の色濃い倭国連合王国を守った。紀元２４８年卑弥呼が没する少し前頃から、新たな勢力、武力を自己の背景に持たない連合国では中国のくびきから逃れ出ることはできないと考える勢力が台頭してきた。これが神武東征だ。

水田稲作が北九州に初めて導入された約3000年前、日本列島にはまだ「クニ」は出現していなかった。水田稲作が南九州、関東利根川まで広がるのに約700年要したが、その頃になると吉武高木の日本最古の早良王墓が出現、農耕社会が成立して「クニ」が現れたのだ。それは、縄文的集落の構成員と長老の立ち位置に変更を迫る異次元の社会変動となって波及し始めた。出雲の加茂岩倉遺跡の銅鐸、荒神谷遺跡の銅剣・銅鐸の大量埋納の項で記述したが、この社会変動は、部族社会的な縄文集落や弥生初期の農耕集落における長老と部族民の関係を王と臣民の関係に変えるもので、乗り遅れた部族は「クニ」に成れなかった。

日本前史において、もっとも波乱万丈のこの社会変動期に、天照大神がいて、大国主命がいて、卑弥呼がいた。この著作に項を立てた、平原王墓の主は天照大神、西谷四隅突出型墳丘墓の3号墳に眠る大国主命、纏向遺跡が邪馬台国、箸墓古墳が卑弥呼の墓という次第である。伊都国井原鑓溝の王、帥升は武力とカリスマを以て倭国王と呼ばれたが、その名跡と権限を後継者に継承できないまま亡くなった。帥升の伝承や出雲の縁結び、国造りの巧みさを聞いている天照大神は、伊都国の威光を発揮して出雲が作り出している果実を譲り受けるよう武甕槌神に指示を出し、「葦原の中つ国」を天孫瓊瓊杵尊に譲り渡すよう大国主命に談判させた。それは、その頃同時並行的に、出雲の傀儡である倭国連合王国卑弥呼共立が進められていたからであった。年代をよく見てみると紀元150~200年の50年間の出来事だ。広く見積もっても紀元150~250年の100年間だ。現代の我々は、文献や考古学的成果により、倭国連合王国に終止符が打たれ、現天皇家の先祖で後に神武と呼ばれた男が連合解体に赴いたことを知っている。『日本書紀』巻第三は神武東征一色である。神武勢力は、出雲系の武将饒速日命《にぎはやひのみこと》、長髄彦《ながすねひこ》と生駒から桜井方面まで戦ったがどうしても勝てなかった。一旦、軍を引き、紀ノ國経由で熊野へ出て、太陽を背にして進軍し、ついに再び長髄彦と相まみえることとなった。日没、日の出間は暗くて戦にはならなかった。饒速日命は和平の道を選んで部下の勇将長髄彦を殺し、神武勢力に帰順したので、結果として、連合の片棒を担いでいた出雲を屈服させ、言わば、国譲りさせたことになった。倭国連合王国の最後の姿は、卑弥呼の後を13歳で継いだ壱与とそれを支える出雲国による倭国統治であり、国内の連合構成国に対する統治機構を支えてきた。紀元２６５年魏が晋に滅ぼされると、紀元２６６年に壱与は西晋に使者を送って国際交流を遺漏なく遂行した。しかし、圧倒的な武力行使体制ができていなかったために、連合構成国への締め付けは緩やかであった。この団結力の無さを憂える国々は、いつまた流血の世が来るかを危ぶんでいたが、その通りとなった。出雲は、後日効果を発揮する何物かの権利を残した。出雲本国は一応恭順の意を示し、国譲りに首を縦に振ってはいるものの、その力は温存されており、各地への影響力の差はヤマト王権と大きく離れてはいなかった。神武勢力は卑弥呼亡き後、倭国連合王国２代目壱与の死をもって、ヤマト王権を樹立したのだった。壱与の死は紀元２９１年、壱与56歳の時だったと思われる。壱与の在位年代はヤマト王権としては、ヤマトに土着するための周辺の民との融和、『日本書紀』にある出雲系姫君との婚姻、一方、ヤマト地場の出雲系豪族との戦いと和戦、懐柔、出雲本国との国譲り詳細の詰め、まさに八面六臂の忙しい43年間であったろう。中国『晋書』「四夷伝」の東夷の使者来訪記事が、紀元291年を最後にぷっつりと途絶える。壱与の死だ。壱与の墓は、桜井茶臼山古墳（紀元3世紀末〜4世紀初築造）と推定される。副葬品に鏡81面（種類、枚数ともに日本最大）、ガラス管玉18・16㎝の日本最大のものが出土している。神武勢力は、出雲系の武将饒速日命が矛を収めて戦いを止める意思を見せてからは、よく停戦を維持して連合王国が朽ちる時間を与えた。倭国連合王国は、女王卑弥呼から歴史に登場し、壱与の代までで消えていったが、出雲の国は現在に至るまで出雲地方として、出雲大社（創建は神代と言い伝えられている）とその系統として、日本の深層に根付いている。大国主命は、唐古・鍵集落を保護、慰撫、連携し、大物主神として三輪山に鎮座し、現在の大神《おおみわ》神社となっている。崇神天皇6年の疫病流行時、祭祀の対象になっている。日本で最も古い神社である。宗教的リーダーとして生き残ったわけである。ちなみに、バイク走行で大隅隼人の地と阿多隼人の地に鎮座している神社を見つけたので、その写真を掲載した。

一方、伊勢神宮は元々宮中に祀られていた天照大神を崇神天皇6年疫病流行時に宮中を出て垂仁天皇25年に伊勢に鎮座することが決まったのである。

現代日本の地域に根ざした神々の様相をざっと並べてみると、

①天皇家とその先祖神話に基づいて祭り上げた神を祭る神社、全国各地に沢山ある八幡様はその系統に分類する。

②お稲荷さん、春日さん、権現様など、一見独自の神々のようだが、天皇家とその先祖神話の神々に仏経の神々を融合させた神を祭る神社（修験道の社、神社は含めない）。

③出雲大社に繋がる神々を祭る神社。日本神話に触れる部分があり、天皇家の先祖神話とは微妙に重ならない神話の神を祭る神社。

④全くの自然物、たとえば、磐座（巨石、大きな岩の重なり、岩場裂け目、洞窟、巨木など）を祭る神社で年一回出雲大社に集まる神を祭る神社。

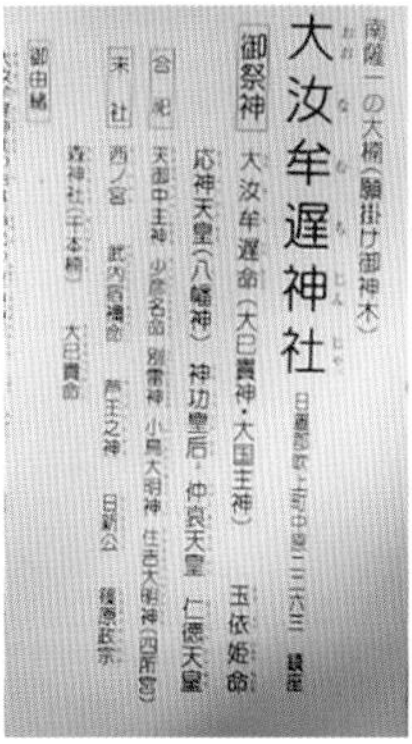

この区分は長い日本の歴史の中で淘汰されてきた結果ではあるが、一方、日本の原初の姿を暗示する部分も残っている。即ち、天皇家系とその対抗勢力出雲系が原初の日本を暗示しているのである。

縄文時代の家族・一族郎党・同一部族の集落、弥生時代に入って同一部族による都市国家、そして、戦火に揉まれて連合的統一国家に至ったのは、共通した祭祀を持つ部族社会の必然的第一歩だった。武力とか政治的同化策とかによる真の統一化が倭国の次の工程、即ち第二歩目だった。出雲の大国主命の2代目事代主命とは融和策を実行し、神武以降3天皇はそれぞれ、事代主命の娘、長女、次女、孫娘を皇后とした。ヤマト王権は武力を背景に日本統一のための制度体制を整えることに力を尽くし、丹波を出雲を押さえる拠点として利用した。地政学上から当然であった。朝来市の古墳からヤマト王権特有の襟付き短甲が出土していることもその表れだ。

✧祭祀の伝統

しかしながら、出雲が持つ日本の祭祀、土着の神々を祭る隠然たる力は無視できないものだった。それが伊勢神宮を生み、大和朝廷の根っこの部分の性格を形造った。日本の朝廷の伝統は、祭祀にあり、今でも宮中祭祀が年20日ぐらい斎行されている。目的は、国家と国民の安寧と繁栄を祈ることである。大祭は天皇が祭典を司祭し、御告文を奏上する。その他に掌典長が斎行し、天皇は親拝する小祭もある。これが日本の宮中祭祀の２０００年来の伝統である。一般人の祭祀は縄文時代から連綿と続くもので、１万年を超える伝統である。

年表

紀元前２８４年	燕の昭王が真番郡、朝鮮を支配
紀元前１９５年	箕子朝鮮滅亡、燕人の衛満が支配
紀元前１０８年	前漢武帝が衛子朝鮮を滅ぼし楽浪、真番、臨屯、玄菟４郡を置く。
紀元前82年	漢が真番郡を廃止
57年	奴国王の使いが漢に朝貢、『漢委奴国王』印を賜る（以後50年間朝貢なし）
１０７年	倭王帥升、王ら、鄧太后へ生口１６０人朝貢、『後漢書東夷列伝』「孝安帝紀」
１０９〜１１９年	帥升の後継者男王王位につく、（長命だった帥升死す）
１４６年	桓帝（倭国大乱始まる）１４７〜霊帝１８９年（倭国大乱終わる）
１８４年	黄巾の乱（１８９年東卓の乱後漢事実上消滅）
２０４年	公孫康帯方郡設置
２３９年	卑弥呼（71歳）使い難升米洛陽に朝貢『親魏倭王』印
２４８年	卑弥呼（80歳）死す、壱与（13歳）即位
２６６年	壱与（31歳）、西晋へ使者『晋書』「四夷伝」
２９１年	壱与（56歳）、最後の朝貢、（壱与死す）『晋書』「四夷伝」

参考文献（順不同）

□筆者『書名』「表題」（雑誌名）出版社、発行年
小山修三『縄文学への道』日本放送出版協会、1996
篠田謙一『新版　日本人になった祖先たち』NHK出版、2019
中田力『日本古代史を科学する』PHP研究所、2015
中田力「遺伝子解析と考古学」（別冊宝島『古代史15の新説』）宝島社、2016
長浜浩明「縄文人こそ日本人と韓国人のルーツ」（別冊宝島『古代史15の新説』）宝島社、2016
山崎謙「出雲大社　出雲王国の存在証明」（『歴史読本』5月号）新人物往来社、1997
山田康弘『縄文時代の歴史』講談社、2019
山田康弘『縄文人の死生観』角川書店、2019
夢枕獏、岡村道雄、かくまつとむ『縄文探検隊の記録』集英社、2018
井口直司『縄文土器・土偶』角川書店、2019
瀬川拓郎『縄文の思想』講談社、2017
小林達雄『縄文人追跡』筑摩書房、2008
梅原猛『日本の深層――縄文・蝦夷文化を探る』集英社、1996
梅原猛、安田喜憲『縄文文明の発見』PHP研究所、1996
梅原猛、吉本隆明『日本の原像』中央公論社、1995

梅原猛『古事記』学習研究社、2008
近藤啓太郎『古事記』(特選日本の古典1)世界文化社、1985
邦光史郎『私見古事記』(特選日本の古典1)世界文化社、1985
蒲池明弘『火山で読み解く古事記の謎』文藝春秋、2017
邦光史郎『古代史を推理する』集英社、1989
井上清『日本の歴史　上』岩波書店、1994
遠山美都男『日本の古代遺跡』(別冊宝島2351号)宝島社、2015
山極寿一『父という余分なもの――サルに探る文明の起源』新潮社、2016
フランシス・フクヤマ『歴史の終わり　上、下』三笠書房、1992
川幡穂高「縄文時代の環境、その1――縄文人の生活と気候変動」(『地質ニュース』659号)実業公報社、2009
川幡穂高、山本尚史「縄文時代の古環境、その2――三内丸山遺跡周辺の環境変遷」(『地質ニュース』666号)実業公報社、2010
石井誠治『木を知る・木に学ぶ』山と渓谷社、2015
張莉「『倭』『倭人』について」『立命館大學白川靜記念東洋文字文化研究所紀要』、2013
岡田英弘『倭国――東アジア世界の中で』中央公論新社、2012
岡田英弘『日本史の誕生』筑摩書房、2009
岡田英弘『中国文明の歴史』講談社、2017
藤尾慎一郎『弥生時代の歴史』講談社、2015

上野誠『日本人にとって聖なるものとは何か』中央公論新社、２０１５
『日本史の論点』中央公論新書編集部編、中央公論新社、２０１８
長部日出雄『天皇はどこから来たか』新潮社、２００２
吉田孝『日本の誕生』岩波書店、１９９７
石川日出志『日本古代史①　農耕社会の成立』岩波書店、２０１０
村井康彦『出雲と大和』岩波書店、２０１３
吉村武彦『日本古代史②　ヤマト王権』岩波書店、２０１０
吉村武彦『女帝の古代日本』岩波書店、２０１２
森浩一『倭人伝を読みなおす』筑摩書房、２０１０
宇治谷孟『日本書紀上、下　全現代語訳』講談社、２０１９
石原道博『魏志倭人伝・後漢書倭伝・宋書倭国伝・隋書倭国伝』岩波書店、２００６
大平裕『卑弥呼以前の倭国五〇〇年』ＰＨＰ研究所、２０１８
高橋敏「破鏡と四方転びの箱」『研究紀要第７号』公益財団法人山形県埋蔵文化財センター、
２０１５年３月
長野正孝『古代史の謎は「海路」で解ける』ＰＨＰ研究所、２０１５
長野正孝『古代史の謎は「鉄」で解ける』ＰＨＰ研究所、２０１５
中田力『科学者が読み解く日本建国史』ＰＨＰ研究所、２０１４
長浜浩明『日本の誕生』ワック、２０１９
内倉武久『卑弥呼と神武が明かす古代』ミネルヴァ書房、２００７

安本美典「邪馬台国東遷説の新展開」（別冊宝島『古代史15の新説』）宝島社、２０１６
真藤豊「『魏志倭人伝』の新たな読み方」（別冊宝島『古代史15の新説』）宝島社、２０１６
森浩一、門脇禎二「加茂岩倉遺跡の衝撃と可能性」（『歴史読本』5月号）新人物往来社、１９９７
花田勝広「大岩山遺跡出土の24個の銅鐸」（『歴史読本』5月号）新人物往来社、１９９７
伴とし子「『海部氏系図』から浮かび上がる大丹波王国の実像」（別冊宝島『古代史15の新説』）宝島社、２０１６
田中俊明「『魏志』倭人伝にみる卑弥呼の足あと」（『歴史読本』7月号）新人物往来社、２０１４
安本美典「天照大御神説」（『歴史読本』7月号）新人物往来社、２０１４
若井敏明「神功皇后説」（『歴史読本』7月号）新人物往来社、２０１４
荊谷俊介「倭迹迹日百襲媛説」（『歴史読本』7月号）新人物往来社、２０１４
村井康彦「出雲族説」（『歴史読本』7月号）新人物往来社、２０１４
金子修一「倭奴国王と倭国王帥升をめぐる国際環境」（『歴史読本』7月号）新人物往来社、２０１４
坂元義種「大戦乱をリードした英雄――帥升」（『歴史読本』12月号）新人物往来社、１９８７
坂元義種「日本最初の『倭国王』――卑弥呼」（『歴史読本』12月号）新人物往来社、１９８７
白川静『漢字』岩波書店、２００８
吉田敦彦『日本神話の源流』講談社、１９８８
「日本文化のあけぼの」『国立歴史民俗博物館ガイドブック』２００８
岸本直文「国立歴史民俗博物館研究報告第１８５集」２０１４

糸島市立伊都国歴史博物館『王の鏡～平原王墓とその時代～』２０１７
糸島市立伊都国歴史博物館『常設展示図録』２０１２
島根県立古代出雲歴史博物館『展示ガイド２０１５』
山上伊豆母『古代神道の本質』法政大学出版局、１９９４
久保田展弘『日本宗教とは何か』新潮社、１９９５
加藤蕙『古代天皇家物語』光風社出版、１９８５
西嶋定生、平野邦雄、白石太一郎、山尾幸久、甘粕健、田辺昭三、門脇禎二『空白の四世紀とヤマト王権――邪馬台国以後』角川書店、１９８７
井川一成『土井ヶ浜遺跡より発掘された弥生時代人骨のミトコンドリアＤＮＡ超多変領域の解析』２００９
木村紀子『原始日本語のおもかげ』平凡社、２００９
金両基他監修『図説　韓国の歴史』河出書房新社、２００２

□一覧表、見学先遺跡の展示品所蔵者、写真提供、著作権管理者

宇佐神宮
文殊仙寺
大平山元《おおだいやまもと》ⅠⅡⅢ遺跡（外ヶ浜役場社会教育課、大山ふるさと資料館）
鳥浜貝塚（若狭三方縄文博物館）

上野原遺跡（〈公財〉鹿児島県文化振興財団上野原縄文の森）
長者ケ原遺跡（糸魚川市教育委員会、長者ケ原考古館、フォッサマグナミュージアム）
奴奈川姫像（糸魚川市役所文化振興課）
釈迦堂遺跡（釈迦堂遺跡博物館）
真脇遺跡（能登町真脇遺跡縄文館）
三内丸山遺跡（三内丸山遺跡センター）
加曽利貝塚（千葉市立加曽利貝塚博物館）
大船遺跡（函館市教育委員会生涯学習部文化財課）
笹山遺跡（十日町市博物館）
尖石遺跡（茅野市尖石縄文考古館）
宮畑遺跡（福島市文化振興課埋蔵文化財係）
大湯環状列石遺跡（鹿角市教育委員会、大湯ストーンサークル館）
御所野遺跡（御所野縄文博物館）
著保内野《ちょぼないの》遺跡（函館市縄文文化交流センター）
亀ヶ岡石器時代遺跡（つがる市教育委員会、青森県立郷土館）
是川遺跡（八戸市埋蔵文化財センター是川縄文館、函館市教育委員会）
菜畑遺跡（末盧館、唐津市教育委員会、長崎大学 大学院医歯薬学総合研究科肉眼解剖学分野）
板付遺跡（福岡市役所文化財活用課）
途中ヶ丘遺跡（京丹後古代の里資料館、京丹後市教育委員会）

竹野神社
吉武高木遺跡（福岡市経済観光文化局文化財活用部）
土井ヶ浜遺跡（下関市教育委員会土井ヶ浜遺跡・人類学ミュージアム）
垂柳水田遺跡（田舎館村教育委員会）
唐古・鍵遺跡（田原本町教育委員会）
五斗長《ごっさ》垣内《かいと》遺跡
池上・曽根遺跡（和泉市教育委員会）
須玖岡本遺跡（春日市奴国の丘歴史資料館、春日市教育委員会）
志賀島金印公園（福岡市立博物館、福岡市役所経済観光文化局文化財活用部埋蔵文化財課）
三雲南小路遺跡（伊都国歴史博物館、糸島市教育委員会、九州歴史資料館）
井原鑓溝遺跡（伊都国歴史博物館、糸島市教育委員会、文化庁）
平原遺跡（伊都国歴史博物館、糸島市教育委員会、文化庁）
平原王墓遺跡（伊都国歴史博物館、糸島市教育委員会、文化庁）
青谷上寺地遺跡（鳥取県文化財局、青谷上寺地遺跡展示館）
妻木晩田《むきばんだ》遺跡（鳥取県立むきばんだ史跡公園、米子市教育委員会、とっとり弥生の王国推進課、鳥取県大山町）
加茂岩倉遺跡（雲南市教育委員会文化財課）
荒神谷遺跡（出雲弥生の森博物館、出雲市、文化庁、島根県立古代出雲歴史博物館）
西谷四隅突出型墳丘墓（出雲弥生の森博物館、出雲市）

斐太神社
楯築遺跡（鯉喰神社）
纏向遺跡（桜井市教育委員会）
栄永大治良画卑弥呼像（大阪府立弥生文化博物館）
橿原神宮
西都原古墳群（西都原市役所秘書課）
古代出雲王陵の丘（安来市文化財課）
私市円山古墳（綾部市立資料館）
稲荷山古墳（埼玉県立さきたま史跡の博物館、文化庁）
大穴持神社
大汝牟遅神社

索引

さ

家族より

　とても命の灯火が尽きつつあるようには見えないほど落ち着いて淡々と、人生最後の目標と位置づけたライフワークである執筆活動に挑み続けました。

　喜寿を迎えることは叶いませんでしたが、亡くなる3日前に自ら原稿のチェックを行い、著者紹介も直筆にて書き終えた後に旅立ちました。

　家族がその遺志を継ぎ、ようやく本人が熱望していた出版の日を迎えられたのも、御協力頂いた方々のおかげと心から感謝申し上げます。

鶴丸　韶一郎（つるまる　しょういちろう）

今年77歳（2021年９月当時）になる無職老人。家族に恵まれた病弱生活を送っている。今の目標はこの本が完成することである。若い時は外国生活に家族をひっぱりまわした典型的外国駐在員であった。

オートバイツーリングの遺跡巡り
縄文から弥生、古墳時代へ

2023年７月６日　初版第１刷発行

著　　者　鶴丸韶一郎
発 行 者　中 田 典 昭
発 行 所　東京図書出版
発行発売　株式会社 リフレ出版
〒112-0001　東京都文京区白山 5-4-1-2F
電話（03）6772-7906　FAX 0120-41-8080
印　　刷　株式会社 ブレイン

ISBN978-4-86641-481-2 C0095
Printed in Japan 2023